If you're going to San Francisco

Neun Monate in Berkeley

Ein Tagebuch

Von Dominik Pfaff

- Für meine Eltern -

Dominik Pfaff

If you're going to San Francisco

Neun Monate in Berkeley

Impressum

Bibliografische Information der Deutschen Nationalbibliothek:
Die Deutsche Nationalbibliothek verzeichnet diese Publikation in der
Deutschen Nationalbibliografie; detaillierte bibliografische Daten sind
im Internet über http://dnb.dnb.de abrufbar.

© 2013 Dominik Pfaff

Illustration: Dominik Pfaff

Herstellung und Verlag: BoD – Books on Demand, Norderstedt

ISBN: 9783732283323

INHALT

Vorwort

Wie kam es eigentlich zu diesem Buch?

Zunächst einmal muss ich klarstellen, dass ich kein Autor im eigentlichen Sinne bin, sollte es so etwas wie den typischen überhaupt Autor geben. Angefangen hat meine Geschichte gegen Ende meines naturwissenschaftlichen Bachelorstudiums, als wir bei einer Infoveranstaltung zum Auslandsprogramm gefragt wurden, ob wir denn prinzipiell Lust hätten, mal weg zu fahren. Ich hob zögerlich meine Hand und damit war also entschieden, ich würde nach dem Bachelor neun Monate lang ins Ausland gehen. Genauere Infos sollten noch folgen.

Ein Motivationsschreiben, mehrere Formulare und einen Besuch in der amerikanischen Botschaft später war auch geklärt, dass mich ein Forschungslabor in Berkeley, Kalifornien, aufnehmen würde und dass ich demnach neun Monate in San Francisco verbringen sollte (als „San Francisco" bezeichnet man in Kalifornien die gesamte Bay-Area, also das Gebiet um die eigentliche Stadt herum, nicht nur die kleine Halbinsel).

Mir wurde auch schnell klar, dass ich einen geeigneten Kommunikationskanal für meine Erlebnisse wählen musste, da sich das Schreiben unzähliger Emails an Verwandte und Freunde schnell als mühselige, zeitfressende Angelegenheit entpuppte und so entschloss ich mich dazu, einen öffentlich zugänglichen Blog im Internet zu führen, um so meine Erfahrungen mit interessierten Lesern zu teilen. Die Artikel dienten mir außerdem als Tagebuch und entstanden immer aktuell während meiner Zeit im Ausland. Sie sind häufig die direkte Niederschrift meiner Gedanken und erheben bei weitem keinen Anspruch auf grammatikalische, sprachliche, sinnliche oder politische Korrektheit. Während meiner Aufenthaltszeit vermischte sich mein fränkisches Deutsch mit einem ebenso undeutlichen, kalifornischen Surferdialekt zu einer schwer verständlichen Melange aus sprachlichen Akzenten (in meinem Lebenslauf steht ironischer weise trotzdem „flüssiges Englisch"). Deshalb sei mir bitte das Auftauchen von deutsch-englischen Mischwörtern im Text verziehen. Ich gebe Uhrzeiten meistens in der amerikanischen Form an (also mit dem Zusatz „am" für vormittags und „pm" für nachmittags) und benutze sowohl deutsche als auch englische Umgangsformen. Das alles ist beabsichtigt und dient der Steigerung der Authentizität dieses Textes (kann zwar jeder behaupten, aber ist jetzt einfach so). Auch Rechtschreibfehler, sofern vorhanden, dienen dazu, die Aufmerksamkeit des Lesers zu erhalten.

Die Idee, dieses Werk als gebundenes Buch herauszubringen, ist schließlich meiner besten Mutter zu verdanken. Sie beschenkte mich mit einem Gutschein für die Veröffentlichung eines eigenen Buches. Zu diesem Zeitpunkt waren allerdings über die Hälfte der Artikel schon geschrieben. Hätte ich das mit dem Buch eher gewusst, hätte ich mir von Anfang an mehr Gedanken über die Textform und auch den Inhalt gemacht. Die gesamte Onlineausgabe wurde also umgestaltet, teilweise leicht verändert, mit sehr viel Mühe weiterverarbeitet und liegt nun wirklich schwarz auf weiß auf Papier gedruckt vor dir, lieber Leser.

Dank dieses Buches wird es also auch noch in vielen Jahren möglich sein, meine Geschichte mitzuerleben, die unzähligen Erfahrungen wie aus erster Hand mitzumachen und dabei zu sein, wenn sich der Protagonist in neue Abenteuer stürzt. Selbst wenn dieses „Internet" inzwischen wieder zusammengebrochen ist und wir alle in Lehmhütten leben müssen.

Das war es auch schon als kurze Vorgeschichte zu diesem Werk und nun geht es los mit Tag eins meiner Reise in ein neues Leben.

Erste Eindrücke aus den USA

14. August 2010

Zum Anfang meiner Reise gleich mal die ersten Eindrücke aus den USA, also alles was ich während meines Fluges von Frankfurt über Philadelphia nach San Francisco mitbekommen habe:

Nummer Eins: Der Amerikaner ist freundlich! Ein „excuse me" hier, ein „oh sorry" da und ab und zu noch ein „please" hinterher geschoben. Alle begrüßen dich und sind erstmal very nice!

Zweitens: In Amerika musst du warten! Schon bei der Immigration durfte ich eine Stunde in einer Schlange stehen, um dann einem netten Officer beantworten zu dürfen, was ich hier tue und wie lange ich bleiben möchte… Dann drei Stempel bekommen und ab dafür! Und nachdem unser Weiterflug für 6 pm geplant war und das Boarding schon erst um 5.45 pm angefangen hatte, durfte unser Flugzeug noch auf der Startbahn warten, weil noch ca. 20 andere Flugzeuge vor uns starten wollten. *Anmerkung: Ich neige gerne zu Übertreibung, aber diese Zahl war real…* Insgesamt also nochmal 1,5 Stunden im Flugzeug gewartet…

Und last but not least: Money counts! Wir wurden gleich mal beim Boarding nach „Zonen" behandelt, also zuerst durften Zone 1 und 2 das Flugzeug besteigen und so weiter.

Um 10 pm dann endlich im Hostel angekommen und erstmal in eines von den vier Betten gefallen. Die anderen Betten wurden dann um halb 3 und halb 7 früh besetzt, nachdem mitten in der Nacht noch ein junges Mädchen im Pyjama im Zimmer stand und meinen verwirrten Blick mit einem freundlichen „hiiiii" kommentierte, bevor sie verschwand und ich sie nie wieder sah.

Am nächsten Tag habe ich mit einem Spanier gefrühstückt und bin danach zum AT&T Store gelaufen (der T-mobile der USA) um mir eine

Nummer zu besorgen. Auf dem Weg dorthin bin ich an ca. 83 Obdachlosen und 27 coolen Gangstern vorbei gelaufen. Im Store wurde ich wieder typisch amerikanisch behandelt (siehe oben):Cliff begrüßt mich sehr freundlich und fragt mich wie er mir helfen kann. Er schreibt sich meinen Namen auf und eröffnet mir,

Achtung: Es wird noch ca. eine halbe Stunde dauern und ich solle doch so lange warten! Würde mir ein Peter in einem deutschen T-mobile Geschäft sagen ich solle 30 Minuten im Geschäft warten... er würde das brandneue Iphone 4 fressen. Aber quer! Aber da ich nicht in einem deutschen T-Punkt bin setze ich mich zu den anderen 12 Personen auf den Boden und warte... Dafür gibt mir Larry dann innerhalb von 15 Minuten oder so meine neue Sim-Karte mit amerikanischer Nummer und ich bin wieder zufrieden.

Noch ein Kommentar zu San Francisco: Die Stadt ist bunt!Ich laufe an einem schwarzen, schlanken Typen mit riesiger Frisur vorbei, der eigentlich Zeitungen verkaufen sollte. Stattdessen ruft er jeder Frau Komplimente hinterher mit typisch schwarzem Charme: *„Heeey, Lady, you look so beautiful! Yo, Lady, you got so soft skin!"*

Zeitungen bekommt er so nicht los, aber Spaß scheint er zu haben! Direkt nebendran tanzen 2 junge Frauen zur Musik aus einem Ghettoblaster und unterhalten ein paar herumstehende Passanten. Eine Straße weiter geht der Türsteher eines Luxushotels kurz um die Ecke und trinkt etwas aus einer Flasche in einer unauffälligen, braunen (manchmal auch schwarz getarnten) Papiertüte. Muss anstrengend sein der Job, so wie der Durst hatte. Um die Klischees zu vervollständigen: Noch eine Straße weiter fand sich eine Obdachlose die ganz friedlich erschien, bevor sie aus heiterem Himmel begann rumzuschreien und mit kratziger Stimme Passanten anzupöbeln.

Soweit erste Eindrücke aus den USA! Weitere Einträge folgen in den nächsten Tagen!

Mikroklima ist lächerlich!

16. August 2010

Ich hab ja gedacht „Ihr könnt ja viel schreiben auf euren Infoseiten über SFO, aber das mit dem Nebel kann ja gar nicht sein…"!

(Kurzer Einschub was ich da so gelesen habe: „Das Wetter ist in San Francisco schon sehr wechselhaft. Morgens zieht fast immer Nebel durch die Bucht, der sich aber meistens gegen Mittag auflöst. [...]das Wetter ändert sich schnell in San Francisco.")

Ganz ehrlich? Mikroklima ist einfach lächerlich! Morgens wenn ich das Hostel verlasse, ziehe ich mir meine Kapuze über den Kopf! Nicht weil ich damit gefährlicher aussehe und nicht mehr so auffalle zwischen den Gangstern… gut deswegen auch ein bisschen… aber hauptsächlich weil es schweinekalt ist und die Luft teilweise so feucht als ob es gleich regnen würde! Und wozu das Ganze? Nur um dann um spätestens halb 11 in Berkeley im strahlenden Sonnenschein zu stehen und mich zu fragen, warum ich denn bitte keine kurze Hose anhab? Und wo zur Hölle denn bitte die ganzen Wolken hin sind, wenn du nach oben schaust und strahlend blauen Himmel siehst? Anders herum ist es aber noch viel geiler! Wenn ich dann um ca. 6pm wieder mit dem Bart-Train nach SFO zurück fahre, sehe ich über SFO schon von weitem eine dicke Wolkendecke, die genau über der Stadt hängt! Kennt ihr die Szene aus Independence Day, wenn die Aliens kommen und es auf einmal dunkel wird? So ungefähr müsst ihr euch das vorstellen, nur dass niemand verblüfft nach oben schaut und sich denkt „OOhhh…. Nebel…. Außerirdische….blöd…"!

Und dann komme ich in SFO wieder aus der Untergrundstation heraus und es ist – surprise surprise- wieder nebelig und feucht! Und ich dachte immer Frauen wären schwer zu verstehen und unberechenbar, aber Ladies: Das Wetter in SFO ist euch weit voraus!

13

I want to be friend with lot of people ^^

16. August 2010

Ist mir doch was Geiles passiert im Hostel! Ich sitze gerade auf meinem Bett und schaue noch bisschen nach Wohnungen, da wuselt doch glatt so ein kleiner Japaner ins Zimmer hinein! Kommt sofort zu mir her, streckt mir die Hand entgegen und sagt in einer echt lustigen Sprache:

„Hellooo, my name is Nabuto, I'm from Japan! What is your name?"

Er hat mir dann erklärt, dass sein Englisch „very poor" sei und dass er eine 28 tägige Reise durch die USA macht. Er schaut sich 4 Tage eine Stadt an und dann fliegt er weiter in die nächste Stadt. Kommt also gerade aus Seattle und macht sich dann nach 4 Tagen SFO wieder auf den Weg nach Los Angeles. Am nächsten Tag sollte es schon um 5.30 ab in den Yosemite National Park gehen. Weiterhin möchte er gaaaaanz viele neue Freunde finden!

„I want to be friend with lot of people all over the world! "

Um direkt mal wieder alle Klischees zu erfüllen: Wir haben natürlich gleich ein Foto zusammen gemacht. Sind ja sozusagen Homies jetzt!

Außerdem hat er (Klischee Nr. 2) natürlich gleich mal ne Runde japanisches Knabberzeugs ausgegeben und mir gezeigt, dass noch viel mehr davon in seinem tollen Koffer steckt! Instant Suppe, Knabbersachen und was man sich nicht vorstellen kann! Stellt euch den Typen vor wie den Hasen aus der Duracell Werbung – also nicht der mit dem leeren Akku – sondern den hibbeligen Typen mit frischer Batterie! Nur leider hatte just dieser Duracellhase das Stockbett über mir… Könnt euch vorstellen wie das ganze Stockbett einen Erdbebenalarm hatte als dieses Energiebündel da raufgeklettert ist?

Ach ja, und um 10.30 pm fiel ihm dann noch ein er müsste jetzt nochmal schnell los und sich Frühstück kaufen, weil er morgen ja schon vor dem breakfast vom Bus abgeholt wird. Also *neeeeeeeau* raus aus dem Zimmer, gefühlte 2 Minuten gewartet und *neeeeeeeaüüüüüüt* war er wieder da.

Und Leute – kein Scheiß! Nabuto konnte wirklich kein „R" aussprechen!!! Er hat mir erzählt, an seiner Schule konnte man German... French...Spain... and „Looschia" lernen. Und ich nur „Wat is kaputt? Und wer ist Loschia?" Als er mir dann seinen Translator gezeigt hat, hab ich mich fast weg geschmissen! Könnt ihr es euch schon denken? Ich geantwortet „Ah, you mean Russia" und er nur „Yes, yes! Loooschia"

Ach ja, letzter Funfact für heute: Er möchte nach Berlin reisen und dort Birkenstock-Schuhe kaufen... because they are so comfortable!

Home sweet Home

17. August 2010

Heute war es dann endlich soweit! Nach 3 Tagen intensiver Wohnungs-suche (mit täglich ca. 20 Meilen laufen und insgesamt 11 angeschauten Wohnungen) haben wir uns entschieden, wo wir die nächste Zeit woh-nen möchten! Aber kurz zur Vorgeschichte:

Tobi und ich suchten also 2 Zimmer, am besten zusammen irgendwo und mit anderen Leuten. Angefangen bei ca. 450 $ hätte einer von uns bei Bill unterkommen können. Bill ist so etwas wie der Vorzeige-Amerikaner: „Yeah, you know, I just graded up my sports channel, you know, I like my sports channel".Aber Bill wollte leider keine Party-people im Haus, sondern eher seine quiet time und privacy.

Der andere hätte dann einfach das Zimmer bei Susan nehmen können! Wär zwar weniger günstig, dafür aber richtig schön penibel geworden! In einem 3-seitien Agreement wäre dann alles geregelt gewesen: „The purpose of this lease is to secure for the Lessor and Tenants an excep-tionally quiet household." Inklusive Nebenkosten wäre die Miete dann so Pi mal Daumen 837,95 $ gewesen.

Ein unmoralisches Angebot bekamen wir von einer netten Frau einer Leasing Company. Für 2000 $ ohne Nebenkosten hätten wir zusammen eine Appartementwohnung bekommen in einem typisch amerikanischen Hochhausgebäude. Alles nagelneu eingerichtet, top modern und sauber. Und dann führt uns diese Teufelin auch noch aufs Dach und zeigt uns The Rooftop! Eine riesen Dachterrasse mit Blick über Berkeley und die Bay! Dämon weiche von mir! Nachdem wir uns wieder beruhigt hatten, fiel uns aber doch noch ein, dass wir noch die komplette Einrichtung kaufen müssten und dass es uns zu teuer wird.

Gelandet sind wir schließlich bei Jean-Pierre, einem französischen Ma-thematikprofessor, der schon lange in den USA lebt und hier eine gemütliche laissez-faire Lebensart an den Tag legt. Ihm ist wichtig dass sich alle sehr gut verstehen und zufrieden sind. In den oberen Räumen leben jetzt neben Tobi und mir noch zwei andere Scholars, ein Deutscher und ein Franzose. Wird also eine trilinguale Wohngemeinschaft werden, Amtssprache ist aber Englisch!

Ja zum Haus kann ich nur sagen: Très chique! Hier kann man sich wirklich wohl fühlen. Alles sehr warm gehalten, sieht aus wie im Katalog für ein Ferienhaus. Wir können die komplette Kücheneinrichtung inklusive Dishwasher mitbenutzen sowie das Wohn- und das Esszimmer. Zum Einzug haben wir frische Bettdecken und Bettbezüge geschenkt bekommen und nicht einmal Handtücher müssen wir uns kaufen. Alles im Haus inklusive! Nach fünf Tagen in den USA bin ich endlich zuhause angekommen:

Home sweet Home.

Getting started…

20. August 2010

Ich dachte ja eigentlich nachdem, die Wohnungssuche abgeschlossen ist, würde sich das hin und her laufen in Berkeley langsam bessern… falsch gedacht. Plan war eigentlich dass wir uns schnell hier irgendwo ein gebrauchtes Bike kaufen und dann nur noch fix unterwegs sind. Problem an den gebrauchten Bikes ist nur: man muss erstmal irgendwie hinkommen! Und das ist ohne dergleichen wieder verbunden mit? Richtig: Laufen! Also haben wir wieder zwei Tage lang Berkeley abgeklappert auf der Suche nach fahrbaren Untersätzen!

Auf den ersten Blick sah Karim's Bikes aus wie ein typischer Fahrradladen. Ein Geschäft mit Toplocation an der Ecke, ein paar gebrauchte Fahrräder auf dem Gehsteig und ein Mann, der vor der Tür an einem Fahrrad herum schraubt. Doch lässt man den Blick genauer auf den Eingangsbereich gleiten, bietet sich einem ein bizarres Bild: Dort, wo man eigentlich den Laden betreten sollte, türmt sich ein über einen Meter hoher Haufen an Fahrrädern und Fahrradrahmen auf. Als der Mann in den Shop rein"geht", um etwas zu holen, lach ich mich fast weg: Die Besteigung des Mount Everest neu interpretiert als Anstieg auf den Drahteselsberg! Wir riskieren einen Blick durch die Schaufenster und schätzen nicht weniger als 300 Fahrräder im Inneren des Geschäfts. Für potentielle Kunden natürlich über den steilen Zweiradpass nicht zu erreichen!

Naja was soll ich sagen, der Typ war der Klischee-Gauner-Verkäufer schlechthin. Hat uns ein paar „good-quality" Bikes gezeigt, auf denen ich meine Gesundheit nicht aufs Spiel setzen würde und wollte die gar witzige Summe von 200 $ dafür. Da fragt man sich echt, was mehr Schrauben locker hatte: Der Typ oder das Fahrrad?

Im vorletzten Bike-Store, den wir aufgesucht haben, hab ich dann ein einigermaßen passendes Rad gefunden. War auch äußerst billig und auf Nachfrage hat mir der coole, bärtige Verkäufer dann geantwortet: „Yeah, that's what we're calling a burning man bike!" Aha, also nochmal dumm nachgefragt und herausgefunden, dass beim sog. Burning Man Festival des Öfteren wohl mal Fahrräder verunstaltet und kaputt gemacht werden und die Besitzer diese dann nicht mehr haben wollen. Dafür sind sie kurze Zeit später ganz günstig gebraucht zu erwerben! Auf die Frage, wie lange es denn funktionieren wird, bekam ich die zumindest ehrliche Antwort „Ah, you know, it's just cheap!"

Einzig nerviger Punkt hier in Berkeley ist die Absicherung des Rades gegen Diebstahl. Auch ein 100$ Rad will hier mit einem 2 kg schweren U-Lock abgeschlossen werden. Zusätzlich schleppe ich dann noch ein Stahlseil mit mir herum, damit ich auch das Vorderrad separat mit festketten kann. Hab allerdings auch schon genug Bikes hier ohne Sattel und Vorderrad gesehen. Blöd nur dass die ganze Prozedur echt mal 3 Minuten dauert. Da überlegt man sich ob man das Rad nicht mal stehen lässt und zu Fuß geht!

Punkt zwei, um hier richtig Fuß zu fassen, war unsere Anmeldung bei der UCB (University of California, Berkeley) und dem LBNL(Lawrence Berkeley National Laboratory). Hier war wieder extrem wichtig, 5 verschiedene Formulare auszufüllen, um auch sicher zu gehen, dass wir 1. die UCB nicht verklagen werden und 2. keine terroristischen Anschläge planen. Hab sicherheitshalber mal wieder meinen Bart gestutzt, um nicht über die Bin-Laden-Länge zu kommen. Dafür hab ich jetzt meine Cal-Card bekommen und bin jetzt offiziell ein Cal (Der Uni-Stolz wird hier sehr ernst genommen! GoBears ist hier ein echter Kampfschrei und jeder zweite Student trägt irgendwo das Logo Cal mit sich herum)!

Samstag und Sonntag geht es dann nach SFO zurück, diesmal als Touri mit Kamera! Bin mal gespannt, was da so an Impressionen reinkommt!

Chinatown – You just got shanghaied

21. August 2010

San Francisco, Chinatown: 10 am! Wir stehen in einer kleinen Parkanlage mit geschätzten 207 chinesischen Männern und Frauen, Omas und Opas und allem, was dazu gehört. Der Anteil an Chinesen in Chinatown liegt – wie hätte man es auch anders erwartet – bei ca. 104 %. Hier beginnt unsere kleine, doch schockend informative Tour durch die Stadt in der Stadt.

Harry in seiner roten „City-guide" Jacke erzählt uns zunächst die Geschichte von Chinatown (hier Kurzfassung): Beim Goldrush 1949 kamen die Chinesen leider zu spät, gerade zu der Zeit als keiner mehr Bock auf Einwanderer hatte. Dementsprechend mies wurden sie hier behandelt, diskriminiert und ins Ghetto gesteckt. Da diese Minderheit nichts anderes machen durfte, taten sie das, was sie sehr gut konnten: Chinesische Restaurants und Wäschereien eröffnen! (Das sind Klischee 1 & 2, Nummer 3 folgt zugleich.)

Da zu diesem Zeitpunkt alle Leute nur nach San Francisco rein wollten, aber keiner mehr heim wollte, hatten die Seeleute wirkliche Probleme, eine Crew aufzustellen. Ursprung und Lösung aller Probleme war wie immer: Der Alkohol! Wenn ein Captain Männer brauchte, ging er in die nächste Bar, füllte die besten Leute bis Oberkante Unterlippe ab und nahm sie mit aufs Schiff. Die armen Kerle wachen also am nächsten Tag auf und befinden sich schon mitten auf dem Weg nach Shanghai! Sie hatten jetzt die Wahl: Seemann werden oder schwimmen! You just got shanghaied.

Nachdem San Francisco dann wegen eines Erdbebens und des daraus resultierenden Feuers zu 2/3 abgebrannt war, wollte die Stadtführung die Leute endgültig raus haben! Die Chinesen allerdings waren „lecht clevel" und hatten einen besseren Deal: „Wil bauen Chinatown wiedel auf und machen es schön fül Toulisten!" Das wäre dann Klischee Numero 3 für heute!

Ja und diese Tradition lebt heute noch weiter! Geh mal durch Chinatown, an jeder Ecke findest du 5 schwachsinnige Touriläden, alle gestopft voll mit… na?… Schwachsinnigen Touris die den Schrott kaufen! Natürlich alles „good quality and good pwice!"

Wenn man mal von den Hauptstraßen ab geht, kommt man in wirklich interessante Gegenden. Verstreut über das Viertel gibt es chinesische „Apotheken", religiöse Tempel und Plätze, wo sich die Leute zum Karten spielen und reden treffen! Daneben gibt es Geschäfte, in denen man Alltagsgegenstände aus Papier kaufen kann. Die Chinesen verbrennen diese, um den Geistern ihrer Verstorbenen wichtige Gegenstände zukommen zu lassen. Eigentlich eine schöne Gegend, wären da nicht diese nervigen Touristen.

Ach ja, Glückskekse wurden übrigens in San Francisco erfunden und werden in China überhaupt nicht verkauft. Eine traditionelle Glückskeksbäckerin schafft am Tag 10.000 dieser Dinger zu verpacken.

Allerdings haben es die kleinen Glücksboten von dort aus schon ziemlich weit in die Welt hinaus geschafft:

„Gute Nachrichten kommen zu Ihnen aus der Ferne!"

Golden Gate Bridge – THERE IS HOPE

22. August 2010

Ich glaub dieses Bauwerk muss ich euch nicht lange vorstellen. Jeder weiß, was gemeint ist und jeder hat schon mal Bilder von ihr gesehen. Die Rede ist von San Franciscos berühmtesten Bauwerk: der Golden Gate Bridge

Wir haben also wieder eine kleine geführte Tour unternommen und wurden zunächst über Geschichte und Bau der Brücke informiert, sowie über die Namensgebung der „Golden Gate" Brücke. Ist aber weniger spektakulär, hat auch nichts mit der Farbe der Brücke zu tun. Irgendein Vogel (vergebe mir diese geschichtliche Intoleranz) fühlte sich beim Anblick an die Bucht an das „goldene Horn" in Istanbul erinnert et voilà: ein neuer Name ward gefunden!

Was toll ist, als Fußgänger kann man die ganze Brücke ablaufen (was wir natürlich auch getan haben) und das ist schon recht anspruchsvoll, sowohl von der Strecke als auch von den Impressionen. Da die Golden Gate Bridge ja eine Hängebrücke ist, hat man da ein ganz mulmiges Gefühl, wenn man genau in der Mitte steht und nach rechts und links blickt und weiß: „Wow, dein Leben und das aller Autofahrer hier auf der Brücke hängt im wahrsten Sinne des Wortes an diesen zwei Stahlseilen mit ca. einem Meter Durchmesser…" Hat aber gehalten, immerhin seit 1937!

Was aber wirklich unglaublich ist: Seit die Brücke existiert, haben sich nicht weniger als 1500 Menschen (in Worten: eintausend fünfhundert) hier das Leben genommen. Das sind im Durchschnitt zwei Leute im Monat. Sind einfach runter gesprungen. Ein paar Leute haben den Sturz sogar überlebt und hatten danach echt was zu erzählen! Fakt ist, der meist genutzte Sprungort ist genau in der Mitte der Brücke mit Blick in Richtung Bay. Versteh ich aber auch, wenn man die Aussicht von da sieht. Wenn schon Feierabend, dann mit letztem Blick über die Bay Area! Jedenfalls wurde da heiß diskutiert, ob man da nicht lieber Zäune hin bauen soll oder Netze oder sonst irgendwelchen Schutz. Ich glaub sie wollen jetzt Netze unter die Brücke bauen die zurollen und jemanden fangen, wenn er drin landet. Aber an der Ästhetik der Brücke soll nichts geändert werden. Aber dafür sind überall an der Brücke Telefone angebracht, mit denen du sofortige psychische Beratung anfordern kannst. Da sind die Amerikaner echt zuvorkommend! Macht sich auch doof in den Nachrichten wenn andauernd Leute von der Brücke hüpfen...

Danach sind wir von der anderen Seite in einem kleinen Hafendorf mit der Fähre zurück in die City gefahren. Auf dem Weg dahin haben wir natürlich wieder Gesellschaft von einer Japanerin. Ach ja, Funfact für heute: Japanerinnen schützen sich intensiv vor Sonneneinstrahlung, da ein brauner Teint in Japan als unattraktiv gilt! Also nix mit Sonnenbank-Flavour und so da drüben!

Colorful History and the American Way!

29. August 2010

Neues Wochenende, neue Trips! Diesmal zog es uns ins Castro in SF! (Anmerkung: wenn du hier San Francisco sagst, gibst du dich sofort als Touri zu erkennen, wenn du San Fran oder Frisco sagst steinigen sie dich gnadenlos… Wer von hier kommt sagt ganz cool SF oder The City. Again what learned we have!)

Jedenfalls handelt es sich hierbei um das Schwulenviertel von SF, in dem Harvey Milk gelebt und getötet wurde (für diejenigen unter euch, die den Film MILK gesehen haben).

Ansonsten gab's natürlich jede Menge Gay Pride Flaggen zu sehen, sozusagen das Wahrzeichen der Community. Ach ja, und die Frisöre kosten hier statt 15$ mal lockere 40$! Da weiß man worauf der schwule Mann von heute besonderen Wert legt!

Danach wanderten wir noch ins zweite bunte Viertel, ins Haight-Ashbury Viertel: Die damalige Hochburg der Hippies in den 60er Jahren. Ja, doch… bei manchen Läden konnte man im wahrsten Sinne des Wortes einen Hauch Hippie Zeit erhaschen (Applaus für dieses Wortspiel)! Muss wohl so ne Mischung aus Drogen und Verwesung sein, vor allem in den Second Hand Shops entlang der Straße! Aber dafür gab's dort jede Menge bunte Klamotten und Brillen zu kaufen! Jedem der hier nach SF kommt, kann ich das Viertel nur empfehlen.

Der Sonntag wurde dann etwas gemächlicher, wir entschieden uns mal den Strand in Berkeley aus zu probieren. Leute lasst euch eins gesagt sein: Nehmt ne winddichte Jacke mit wenn ihr nach SF geht!!! Durch die Bay zieht ein echt rauer Wind direkt vom Meer, nix mit Oberkörper frei und so! Dafür hab ich wieder zwei neue Arten des AMERICAN WAY OF LIFE kennen gelernt:

Der Amerikaner fährt auch gerne mal mit seinem Auto zum Strand, parkt 5 Meter vom Meer entfernt und genießt die Zeit am Wasser… IM AUTO! Fenster einen Spalt runtergefahren, Sitze zurück gelehnt und die Zeit genießen! Kann man mit der ganzen Familie machen oder was dabei lesen… Muss wirklich toll sein!

Drachensteigenlassen auf die amerikanische Art: Zunächst besorgst du dir den größten Drachen, der für Geld käuflich zu erwerben ist. Dann vergiss dieses Teil und besorg dir was richtig Großes! Man will ja schließlich kein kleines Fluggerät von der Stange! Wenn du dann den motzig protzigen Drachen für dich gefunden hast, dann lass ihn steigen! Achte aber darauf, dass du dich um Himmels Willen dabei nicht zu viel bewegst oder gar anstrengst! Binde den Drachen einfach am Boden fest, stelle dich daneben und sieh zu, wie toll er doch fliegt.

Go BEARS – this is Bear Territory

04. September 2010

Auftaktspiel der neuen Saison im Football – und wir waren dabei! Die California Bears empfingen an diesem Samstag die UC Davis Aggies im California Memorial Stadium in Berkeley mit 72.000 Plätzen!

Der ganze Samstag stand unter dem Motto „GO BEARS", was auch überall in Berkeley zu spüren war. Die geschätzten 40.000 Bears-Fans mussten ja irgendwie den Weg von der Stadt ins Stadium schaffen. An normalen Tagen sieht man hier sehr viele Menschen auf den Straßen mit Logos von Cal, Berkeley oder BEARS. An diesem Samstag sah man sehr, sehr, sehr, sehr, sehr, sehr, sehr viele!

Wir besorgten uns noch schnell die adäquate Kleidung fürs Spiel und lauschten der California Marching Band – eine ca. 300 Mann und Frau starke Truppe (man beachte das gendering)- bei den Vorbereitungen aufs große Spiel. Die Stimmung war atemberaubend und im Stadium ging's erst richtig los! Die Band, die Fans, die Cheerleader… ach ja, und nebenbei noch das Footballspiel! Das ging leider ein wenig unter, weil sich dafür scheinbar die wenigsten interessieren. So verließen ca. ein Viertel der Zuschauer das Stadium noch bevor das Spiel vorbei war. Aber das Drumherum ist wirklich beeindruckend! Und natürlich haben die California Bears die Aggies in Grund und Boden gestampft – wir haben 52 zu 3 gewonnen! Und ja, ich kann inzwischen die Footballregeln.

Das nächste große Highlight der Saison wird das Spiel gegen Stanford. Wir (die Cals) hassen Stanford von tiefstem Herzen und verbrennen alles, was rot ist, in der Nacht vor dem großen Spiel! Übrig bleiben nur Gold und Blau! Go Bears! Ach ja, und ich hätte es fast geschafft, mir einen Sonnenbrand einzufangen… aber nur fast!

You can find me in da club!

12. September 2010

Neue Wochenendnews aus den USA! Nachdem wir uns nun Zelte bestellt haben und für nächstes Weekend der erste Trip in einen der hier so zahlreichen vorhandenen National Parks geplant ist, war dieses mal noch einmal The City an der Reihe. Wir waren um 8 pm zum BBQ auf der Dachterrasse eines Freundes eingeladen, wo man sich in lockerer Atmosphäre zusammenfand und das eine oder andere billige amerikanische Bier trank. Danach ging's mit der gesamten Mannschaft (immerhin 12 Personen oder so) noch in einen Pub. Davor mussten wir uns leider von unserem minderjährigen Freund verabschieden, der noch keine 21 war. Es gibt so ein paar Sachen hier, bei denen die doch so freizügigen Amerikaner auf einmal sehr prüde sind, und der Eintritt in Bars sowie das Trinken unter freiem Himmel gehören dazu (mehr dazu noch später). Jedenfalls ging's danach ab über die Bay!

Was ich an SF liebe? Die spontanen, verrückten Aktionen! Wir kommen aus der Station heraus und wollten gerade die Treppe hoch, da bemerken wir, dass doch mehr Menschen als gewöhnlich auf der Treppe stehen und einfach nur jubeln und zuschauen… aber wobei? Meine Frage wurde schnell beantwortet, als ein Mann auf Inline Skates die ca. 10-15 Meter lange Rolltreppe herunter rauschte und unten mit tosendem Applaus ankam. Das eigentlich Geile an der Aktion war aber, dass da noch ein Kommentator und ein komplettes Team dabei waren, mit Mikrofon und Boxen und allem. Und das eigentlich noch geilere war, dass die ganze Mannschaft sich nach 5 Minuten „spontan" wieder aufgelöst hat, um weg zu sein, bevor die Cops kommen. Sachen gibt's!

Gut, dann ging's endlich zum Club. Die 25 $ Eintritt haben uns dann doch kurz zögern lassen. Die Sache mit diesem Etablissement hatte sich dann aber recht schnell erledigt, da einer unserer Truppe noch sein Bier in einer braunen Papiertüte trinken wollte und der Türsteher das gar nicht lustig fand (Trinken unter freiem Himmel = Todsünde…) Gut, 2 Blocks weiter war auch schon der nächste Club zum Anstellen, also ab dafür. Auch hier wieder 25 $ Amüsementgebühr, man hat's ja!

Wenn man allerdings erstmal drin ist, bekommt man für sein Geld auch eine bizarre Show geboten. Da der Anteil von Verrückten in SF mindestens genauso hoch ist wie der von homosexuellen, gleicht das Klientel in der Disco eher einer ganzjährig erweiterten Version des Kölner Karnevals! Von Leuten in fetzigen Ganzkörper-Raumanzügen bis fast hin zum Adams- und Evakostüm wird einem dort alles geboten. Im Nebenraum legte dann DJane Blabla (ich nenn sie jetzt einfach mal so. Mir wurde gesagt, ich müsse sie kennen und sie sei voll der Renner in SF, aber ihr kennt ja mein Namensgedächtnis…) auf, begleitet von einer explosiven und pyromanisch ansprechenden Bühnenshow („Alter, die Gitarre von dem BRENNT!") Extrem lustig fand ich die Dame, die mit einer Flex ihren eigenen Schritt bearbeitete, der durch eine moderne Version eines Keuschheitsgürtels geschützt war, und somit ein regelrechtes Funkenmeer erzeugte. Die wollte da scheinbar wirklich ernsthaft raus! Nach Hause ging es dann mit dem Taxi (Man hat's ja, siehe oben…) und um 5 am war dann Schlafenszeit! Ja die Wochenenden hier sind anstrengend…

Den Sonntag gingen wir dafür sehr ruhig mit einem Besuch des Golden Gate Parks an. In diesem Fleck Grün im Herzen von SF kannst du eeeeeeeeeeeeeeeeeeeeee… *lufthol* …eeeeeeeeeeeeeewig laufen. Oder – oder man schaut sich das Ganze von oben an wie viel man laufen hätte können. Vom 9. Stock eines Museums hat man eine gute Ahnung, worum es geht und kann sich das Ganze auch noch am Satellitenbild klar machen! Und kostenlose Swing-Tanzkurse gibt's auch jeden Sonntag im Park. Ich brauch mich also das nächste Mal nicht mehr wundern, warum genau da 50 Leute im Park stehen und tanzen! Tolles, verrücktes Land!

RoadTrip – WOOOHOOOO!

19. September 2010

This time we hit the road!

Samstag früh ging's ab im Mietwagen Richtung Norden! Auf dem Plan stand der Point Reyes National Park ca. 50 Meilen nördlich von SF. Im Park angekommen im Visitor Center noch schnell die letzten Infos besorgt und dann nochmal eine Stunde im Park selbst herumgefahren. Die Touristenattraktion schlechthin ist Point Reyes Lighthouse, ein alter Leuchtturm, den sie nicht auf den Berg gebaut haben, sondern 300 Stufen weiter unten. Warum macht man sowas und baut den Leuchtturm nicht oben drauf? Richtig, schuld ist wie immer in SF der Nebel! Oberhalb der Nebelgrenze sehen die Schiffe sonst nix!

Danach ging's noch in eine andere Ecke vom Nationalpark um Elche zu beobachten. Die leben da in quasifreier Wildbahn und die Ranger haben ihre Fernrohre den ganzen Tag auf die Elche gerichtet, um uns Touris hautnah ran zubringen. Insgesamt bietet der Nationalpark ein gigantisches, beachtliches Stück freie Natur und das Ganze nur eine Stunde von SF entfernt! Ach ja, außerdem kann man da Wale beobachten, die keine 500 Meter vom Strand entfernt rumpaddeln, auftauchen und mal ordentlich Pusten!

Nachdem wir den Nationalpark verlassen haben, haben wir uns auf den Weg zum Campingplatz gemacht. Dazu fuhren wir den Highway One nördlich an der Küste entlang. Kurz beschrieben: AWESOME! Der Highway schmiegt sich exakt an die Küstenlinie und so kurvig fährt man ihn dann auch. Zwischendurch wird das ganze immer wieder durch Beaches aufgelockert und wir konnten auch nicht widerstehen, mal unsere Füße ins Wasser zu stecken. Hat uns zwar ganz schön Zeit gekostet, war die Reise aber definitiv wert! Am Campingplatz schnell die Zelte aufgebaut und ein paar morsche Äste im Wald eingesammelt fürs Feuer.

Leider hatten wir keine Raucher dabei und so mussten wir unsere Zelt-nachbarn anschnorren. Unser Charme war aber wieder mal so überzeu-gend, dass wir gleich zum Essen eingeladen wurden. Glücklicherweise hatten wir eine Gruppe Meeresbiologen getroffen, die den ganzen Tag Meeresfrüchte aus dem Ozean gezogen hatten und uns gleich mit ver-köstigten. Ich möchte euch nicht vorenthalten was wir da gegessen ha-ben, aber um meinen Blog sauber zu halten, lass ich es lieber.

Abalones sind Meeresschnecken, die auf Steinen leben und sich dort mit ihrem Fuß festsaugen. Zubereitet schmeckt das Tierchen richtig gut, auch wenn man wirklich nicht hinsehen darf… Und ja, wir haben das wirklich gegessen und es war gut. Und wir durften die Schale als An-denken behalten! Allerdings hab ich noch nie was gehabt, was so nach Meer gestunken hat. Der Verbleib dieses Objektes ist daher noch unge-wiss!

Leider war der Sonntag recht verregnet und so haben wir unseren weite-ren National Park Besuch auf unbestimmte Zeit aufgeschoben. Dafür nutzten wir die Gelegenheit und waren wieder mal Shopping. Jagdterri-torium war ein riesiges Outletcenter, wo uns die Dollars wieder mal aus den Taschen gefallen sind… Und alles so günstig! Ich hab hier insge-samt glaub ich schon 400 $ für Kleidung und Sonnenbrillen ausgege-ben! Aber man hat's ja! Und da ich sehr, sehr wenige Klamotten aus Deutschland importiert habe, muss man das einfach als Investition aner-kennen!

Miscellaneous stuff... and Quidditch

24. September 2010

Ich muss hier mal schnell die Gelegenheit ergreifen und über ein paar Dinge berichten, die sich hier so nebenbei abgespielt haben und nie Erwähnung in einem eigenen Blogeintrag gefunden haben! Aber nur weil nichts geschrieben wird, heißt ja nicht, dass es hier nicht lustig zugeht.

Zum einen möchte ich hier darauf hinweisen, dass es in den USA sehr wohl wohlschmeckendes (was für eine Repetitio) Bier gibt. Gut, kein amerikanisches Bier, aber die Amerikaner sind wirklich gut darin, Sachen von denen sie keine Ahnung haben, zu importieren. Ich mein die ganze amerikanische Kultur ist importiert! Also jedenfalls gibt es hier auch Oktoberfest Märzen zu kaufen! Sogar relativ billig wenn ich mich nicht irre: Das 5-Liter Fass für umgerechnet ca. 8,50 €! Dagegen zahlt man für ne Dose Budweiser im Supermarkt schon einen Dollar! Und dann darf man sich nicht mal gemütlich raus setzen, um sein Bier zu genießen... damn law!

Dann gibt's auf jeden Fall ein paar Infos aus dem Lab. Ich bin nun endlich mal dazu gekommen und hab ein Foto von unserem Balkon aus auf die Bay gemacht. Das ist der Blick, den ich jeden Tag habe, wenn ich aus dem Fenster schaue! Oder wir machen lunch auf dem Balkon, dann sieht es auch so aus! Allerdings muss man natürlich bis Mittag warten, wenn sich der Nebel über SF verzogen hat, weil wie schon erwähnt: In dieser Stadt ist immer Nebel! Und fürs Andenken hab ich noch ein Bild von mir auf dem Balkon geschossen, damit ich nicht vergesse, wie gut ich es habe. Allerdings hab ich es inzwischen auch geschafft, mir hier eine Erkältung einzufangen. Da das Sportprogramm hier häufig abends stattfindet und es nach dem Frisbeespiel von 9 pm bis 12 pm doch etwas feucht wird, hab ich mir gleich mal einen schönen Husten geholt! Nur die Sonne tröstet einen wieder darüber hinweg.

Ach ja, die Amerikaner sind ja normalerweise ein recht freches und unerschrockenes Völkchen. Allerdings hab ich auch schon ihre Schwachstelle herausgefunden:

Die Amis haben Angst vor Feuer! Und zwar wirklich Angst! Gut, mag dran liegen dass 1906 nach einem Erdbeben 2/3 von SF abgebrannt sind oder dass 1991 die kompletten Hills über Berkeley innerhalb von 30 Minuten runtergebrannt sind... aber trotzdem!

Also die Feuerwehr ist hier sehr stark vertreten und immer im Einsatz. Die geilste Präventionsmaßname ist allerdings folgende: Da auf den Hügeln hier relativ viel trockenes Gras wächst, wird dieses regelmäßig abgetragen. Und da im Lab stets mit modernster Technik gearbeitet wird, gibt es hier eine Firma die sich „Goat for Rent" nennt und moderne Mähapparaturen liefert. Kein Scheiß, die mieten hier wirklich Ziegen an, um die Hügel abzugrasen! Diese Firma kümmert sich dann darum, Zäune aufzustellen und die Viecher überall hin zu bringen! Sachen gibt's wiedermal.

Ja und last but not least: Eine neue Sportart macht sich an amerikanischen Universitäten breit! Leute vergesst Basketball und Football, alles Schnee von gestern! Die neue Trendsportart kommt aus der Feder von Mrs. Rowling und nennt sich Quidditch! Wer die Harry Potter Bücher nicht gelesen hat, Quidditch wird auf fliegenden Besen gespielt, es gibt Treiber die Leute mit Bällen abschießen und Feldspieler, die punkten wollen. Zusätzlich gibt es noch 2 Spieler, die permanent dem Snitch hinterherjagen... ja und dann gibt's noch den Snitch, in diesem Fall auch ein Mensch, der die ganze Zeit ums Spielfeld herumrennt und davon rennt... Ist also eine wirklich geile und vor allem lustig anzusehende Sportart!

You don't change the city – it changes you!
26. September 2010

San Francisco hat uns wieder mal gezeigt, wer hier zuletzt lacht! Einmal im Jahr findet hier ein Festival statt, das man, glaube ich, mit nichts in Deutschland vergleichen kann. Die Folsom Street in SF ist Heimat und Herberge für die Schwulen- und vor allem SM-Community. Wer hiermit schon genug Information gehört hat, dem empfehle ich aber hier nicht mehr weiter zu lesen und sich seine reine Seele zu bewahren! Das nächste Kapitel ist wieder für alle Sensibelchen geeignet.

Reine Seele-Linie! Weiterlesen auf eigene Gefahr

.

.

.

Willkommen in Folsom

Herzlich Willkommen im dunkelsten Herzen von San Francisco, wo Lack und Leder regieren und Schmerz eine leicht andere Bedeutung hat als woanders auf der Welt. Diesen Sonntag von 11AM bis 6PM verwandelte sich die Folsom Street in das Folsom Street Fair. Mit anderen Worten, jeder Fetisch, den man sich nur irgendwie vorstellen kann (oder auch einfach nicht vorstellen kann und möchte), versammelt sich hier, informiert sich über die neusten Produkte (Latexmaster 2000 und ähnliches), lässt sich von den zahlreichen Shows unterhalten (sonst nur im bösen Internet zu sehen) oder zeigt sich einfach nur gern und präsentiert seinen persönlichen Charme öffentlich.

Ich beschränke mich hier im Blog nur auf die wirklich lustig-skurrilen Dinge, die ich gesehen habe. Die bösen Dinge behalte ich lieber für mich, um euch nicht auf die dunkle Seite zu ziehen.

Aber die Jungs (und Mädels) haben echt Humor, muss man sagen. Anfangs fühlten wir uns noch ein wenig unwohl auf diesem Fest, zwischen hunderten halb- und vollnackten Menschen aller Nationen und Hautfarben. Um sich solidarisch zu zeigen, hinterließen wir am Eingang eine kleine Spende und kassierten dafür den berühmt berüchtigten Folsom-Aufkleber in rosa mit einem Schweinchen in Handschellen darauf abgebildet. Dieser macht dich auf diesem Fest schon ein ganzes Stück sympathischer! Naja, nachdem die nächsten Hundert Nackedeis an uns vorbei waren, gewöhnten wir uns langsam an die Präsenz von so viel Haut und trauten uns auch Fotos zu machen. Davon waren die extrovertierten Festbesucher auch begeistert und hatten keine Probleme damit, sich mitsamt ihren Verkleidungen (oder auch im Adams- und Evakostüm) vor die Linse zu postieren.

Das Ganze ist ein bisschen vergleichbar mit dem Köllner Karneval, glaube ich (obwohl ich noch nie da war, aber bald dank Miguel). Also eine Karneval Version in schwarzem Leder halt, wo sich die Leute auspeitschen, statt Bonbons zu werfen und wo Techno- statt Karnevalsmusik gespielt wird... Aber es gab auch bunte Verkleidungen (Mrs. Piggy) oder ganz abstruse Dinge (Ein Mann mit Babypuppen behangen... Oh ooooohh). Drag Queens durften natürlich auch nicht fehlen auf dem Festival! Jedenfalls war das Fest so der Renner, dass es am späteren Nachmittag total gefüllt war und man sich echt nur schwer durch die Massen an nackten, im gleißenden Sonnenlicht schwitzenden (30° Ende September) Menschenmassen durchkämpfen konnte.

Tabus gab es auf diesem Fest eindeutig keine, also komme was wolle: Ich glaube, ich habe jetzt alles gesehen und kann notfalls beruhigt sterben gehen. Eine Erfahrung fürs Leben ist es alle mal und ich kann es auch nur jedem empfehlen, dort mal hinzugehen. Vor allem weil dort mal richtig die Gemüter gespalten werden! Ein Teil der Gruppe hat es dann vorgezogen, die Location nach 2 Stunden zu verlassen und sich wieder auf sicheres Terrain zu begeben, während der andere Teil noch bis um 4 pm das Fest aufgemischt hat. Diese Stadt verändert dich...

Welcome to THE ROCK

03. Oktober 2010

Früher war es einfach, rein zu kommen aber schwer, wieder raus zu kommen – heute ist es umgekehrt! Um rein zu kommen, darf man sich eins von den lang ausverkauften Tickets besorgen, um dann mit der Fähre rüber gefahren zu werden auf:

THE ROCK also known as ALCATRAZ

If you don't obey the rules, you go to prison. If you don't obey the prison rules, you go to alcatraz!

Hier wurden früher die Härtesten der Harten eingebuchtet. Es galt als unmöglich, von diesem Felsen zu entkommen. Selbst wenn man es geschafft hätte, aus dem Gefängnis auszubrechen, war es nicht menschenmöglich, durch die harte Strömung nach SF zu schwimmen. Ein paar Leute haben es versucht, aber sind entweder geschnappt worden, ertrunken oder sind heute noch vermisst (vermisst... wahrscheinlich chillen die jetzt irgendwo auf den Bahamas...).

Jedenfalls ist es wirklich toll, die Insel zu besuchen. Nach der Ankunft wird man mit einem Set Kopfhörer ausgestattet und per Audiotour über das Areal geführt. Ein ehemaliger Wärter erzählt dir dann Geschichten von versuchten Ausbrüchen, Revolten und zeigt dir die winzigen Zellen der Gefangenen. Außerdem hat man von der Insel einen überragenden Blick auf die ganze Bay und auf die Skyline von San Francisco! Die Gefangenen damals hatten wirklich ein Glück, hier sein zu dürfen! Ich mein natürlich neben dem Pech hier sein zu müssen.

Abschließend kann man im Knastshop noch Schlüssel, Ausbruchslöffel und Seife kaufen, bevor man dann Gott sei Dank wieder mit der Fähre aufs sichere Land von SF geleitet wird. Die Insel wurde 1963 irgendwann zum Nationalpark umgebaut, nachdem die Gebäude witterungsbedingt nach und nach zerfallen sind und es einfach zu teuer war, Häuser auf einer abgelegenen Insel zu reparieren. Und von Zeit zu Zeit kommen heute noch ehemalige Häftlinge hierher und besuchen ihre „alte Heimat". Die scheinen diese Insel echt gemocht zu haben, wenn sie nach all den Jahren immer noch Lust verspüren, sich auf den Fels zu begeben…

CAL vs. UCLA

09. Oktober 2010

Dieses Wochenende war wieder mal Gameday und diesmal entschlossen wir uns dazu, die Preshow richtig mitzumachen. Nachdem wir uns beim letzten Heimspiel der Bears gegen die Aggies noch schnell die passende Fan-Kleidung besorgen mussten, hatten wir kaum Zeit, uns die Performance der Marching Band und das Drumherum anzusehen. Diesmal sind wir aber rechtzeitig gekommen, um den phänomenalen Einmarsch der Band zu erleben!

Wie letztes Mal schon berichtet, ist der wichtigste Leitsatz hier: The Show must go on! Deshalb durften natürlich weder Oski der Bär, das Maskottchen der Golden Bears, noch die passenden Cheerleader dazu fehlen! Als dann die Marchingband mit ihren geschätzten 300 Mitgliedern aufmarschierte, war der ganze Sproul Plaza mit blau-goldenen Fans besiedelt! Die Band präsentierte ein paar Lieder mit Cheerleadereinlagen und machte sich dann auf den Weg Richtung Memorial Stadium. Auf dem Weg dahin folgten ihr die Massen und die Band stoppte hin und wieder, um eine kurze Showeinlage zu geben!

Auch den Mamabears und Papabears gefiel das, die in dieser Woche anlässlich des Homecoming Events angereist waren, um zu sehen wo ihre zehntausende von Dollars hin verschwinden. Als Dank hierfür wurden sie mit dem „I feed the bears" Namensschild ausgezeichnet und von ihren Sprösslingen sowie dem Personal über den Campus geführt und unterhalten. Als die Band dann mit den Fans ins Stadium einmarschiert war machten wir es uns diesmal auf dem Hügel oberhalb des Stadiums gemütlich, um uns noch die Show für die Spieler anzusehen. Von dort oben hat man übrigens auch einen wundervollen Ausblick über den Campus und die ganze SF Bay Area. Von dort aus werden wir uns wohl auch das Big Game gegen Stanford ansehen!

Everybody's going surfing – in Santa Cruz!

17. Oktober 2010

Endlich war es soweit!

Ich konnte mein Versprechen an meine deutschen Zurückgebliebenen einlösen und das erste Mal auf einen Surftrip gehen! Nachdem wir uns letzte Woche beim Surfclub@Berkeley angemeldet hatten, durften wir dieses Wochenende gleich mit auf den Surfing- / Campingtrip mitgehen. Ungefähr 40 Surfer und solche, die es noch werden wollen, wurden in verschiedene Fahrgemeinschaften verpackt und dann nach Santa Cruz verfrachtet, wo wir mit Wetsuits und Boards ausgerüstet wurden und eine kurze Lecture Surfing 101 bekamen: Rauspaddeln, über die kleinen Wellen drüber paddeln, durch die großen Wellen Durchtauchen (Duck-Dive and Turtle-Roll) und wenn ihr draußen seid, geht's weiter!

Leichter gesagt als getan! Ich weiß nicht ob wer von euch schon mal surfen war, aber für alle andern hier eine kurze (subjektive) Beschreibung der Geschehnisse! Du liegst also bäuchlings auf diesem Board im schweinekalten Wasser, welches dir dank Wetsuit aber nur die Füße und die Hände abfrieren kann. Dann paddelst du mit aller Kraft hinaus, wobei die körperliche Tätigkeit hierbei wie z.B. Streichen doch eher als ungewohnte „über-Kopf-Arbeit" zu bezeichnen ist und demnach anstrengend. Ja und dann sind da ja noch die Wellen! So was hab ich noch nicht erlebt! Über die kleineren schwimmst du mit deinem Board einfach drüber, wirst 1 m hochgehoben und wieder runter gelassen. Und dann kommt ne größere, die du unterschätzt, und die wirft dein ganzes Board um und dich folgerichtig ins Wasser. Damit aber nicht genug, will die Welle ja noch mit dir spielen! Also bleibst du ca. 5-10 Sekunden unter Wasser und wirst von der Welle herumgewirbelt, mal auf den Boden gedrückt und wieder im Kreis gedreht, bis sie dann fertig mit dir ist und du wieder auftauchen darfst. So eine gewaltige Kraft von Wasser hab ich noch nie erlebt!

Wenn du dann mal draußen bist, kommt der wirklich entspannte Teil des Ganzen! Du sitzt auf deinem Board und wartest einfach auf geeignete Wellen. Wenn man den Strandbereich erstmal verlassen hat, ist das Wasser auch viel netter zu einem. Aber diese Sympathie muss man sich durchs Paddeln verdienen! Ja und wenn man dann eine geeignete Welle in Sicht hat, dreht man sich herum und paddelt los in Richtung Strand, bis die Welle einen einholt und auf ihrer Reise mitnimmt! Wenn das alles geklappt hat, darfst du mit 20 km/h oder so auf der Welle mitfahren, was eine wahnsinnig coole Erfahrung ist, sich so schnell auf dem Wasser zu bewegen, ganz ohne äußeren Antrieb. Anfänger wie ich machen diese Erfahrung erstmal nur auf den Knien, das Aufstehen sah eher wie bei einem Kleinkind aus... Aber die nächsten Surftrips werden da einiges bewegen.

Das Abendprogramm wurde wieder mal typisch amerikanisch gestaltet! Viel Yankee-Bier, Trinkspiele und Abhängen am Strand standen auf dem Programm! Wir Europäer wurden gleich herausgefordert im internationalen Flipcup-Duell gegen die Einheimischen (was wir leider verloren haben. Weniger weil die Amerikaner mehr trinken, sonder eher weil wir die roten Plastikbecher nicht gewöhnt sind...). Ja meine Freunde, die aus zahlreichen Teenie-Filmen bekannten roten Plastikbecher gibt's hier überall! Vielleicht erklär ich später noch, wie genau man Flipcup spielt. Ihr könnt euch aber schon denken, dass es etwas mit sich drehenden Bechern und Bier zu tun hat!

Es hat sich wieder mal herausgestellt, dass die meisten Amis Parties gewöhnt sind, bei denen man um 2 Uhr rausgeschmissen wird, denn die meisten waren schon lang im Land der amerikanischen Träume, als wir dann um halb 4 ins Bett gekrochen sind (bzw. ich glücklicherweise noch einen Schlafplatz in unserem eigenen Zelt bekam... Tobi ist nach mir ins Bett bzw. – ins Auto).

Am nächsten Früh hieß es dann erstmal spartanisches Frühstück (Bagle mit irgendeinem Aufstrich), kurz den feuchten Wetsuit abklopfen und dann wieder rein in das immer noch nasse Teil! Auf dem Weg zum Strand nochmal verlaufen („Excuse me, could you tell us where we can find the beach?") und dann nochmal in die Wellen gestiegen! Gegen Mittag haben wir dann Santa Cruz verlassen und sind völlig zerstört und erledigt später wieder im heimischen Berkeley angekommen. War aber einer der geilsten Trips ever und wird wenn irgend möglich auf jeden Fall wiederholt. Es hat einfach alles gestimmt: Die Leute, das Surfen, die Abendgestaltung, das Nightlife – nur das Wetter hat uns mal wieder verarscht.

Continuing on the american Way

20. Oktober 2010

Hier in California gibt es ein paar Dinge, an die man sich relativ schnell gewöhnt und die ich sicherlich zu Hause in Deutschland vermissen werde. Da wären die warmen Temperaturen, der viele Sonnenschein, der angenehme Verkehr, die Freundlichkeit der Menschen (...lange Liste mit Eigenschaften von California) und viele andere Dinge, über die ich viel erzählen könnte! Aber ich will heute mal die Gelegenheit ergreifen und etwas über Dinge erzählen, die mich hier direkter nicht betreffen könnten!

Die schlechte Nachricht zuerst! Wenn du in Europa einen Sonnenbrand bekommst, dann läuft das normalerweise so ab: Die Haut wird rot, juckt und löst sich eventuell in kleinen Stückchen ab. Alles halb so wild! Wenn du einen Sonnenbrand à la Bay Area bekommst, läuft es etwas anders ab... Nach ca. einer Woche bemerkst du erst, dass du dich verbrannt hast, denn nun stirbt ein großer Teil deiner Haut einfach ab und versteinert zu einer toten, harten Kruste. Es entwickeln sich langsam Falten, da die Haut die Bewegungen nicht mehr mitmachen kann und du bekommst einen steifen Schildkrötenhals (Turtleneck). Ist die Haut dann endgültig am Abkratzen, reißt sie schmerzhaft auf und du kannst sie – abkratzen. Sehr schmerzhafte Prozedur und noch nie in dieser Form erlebt! Also liebe anreisende Freunde aus Europa: Packt Sonnencreme ein und erspart euch diesen Turtleneck!

Nun aber zu erfreulicheren Dingen: ESSEN! Ich hab ja schon erwähnt, dass die Amerikaner gern große Sachen haben, aber beim Lebensmitteleinkauf kommt man sich manchmal echt lächerlich mächtig vor! Da wären zum Beispiel die leckeren Frühstücksprodukte in XXL-Size! Mein tolles Marmeladenglas wiegt sage und schreibe 1.36 kg und wird nur noch getoppt vom Peanutbutter Glas, das mit knapp 2 kg Inhalt (1.8

kg) das Rennen um den größten Inhaltskomplex klar gewinnt! Und um es noch einmal zu betonen, wir reden hier von haushaltsüblichen Mengen und nicht von Großmarktprodukten! Ach ja, der Amerikaner hält auch nicht viel vom Liter. Sowohl Benzin als auch Saft oder Milch werden hier bevorzugt in Gallons abgegeben (3.78 Liter).

Wer mich kennt, weiß ja auch dass ich mich bei Cookies nicht beherrschen kann. Deshalb kommt es mir hier natürlich auch gelegen, dass die Kekspackungen in Extragrößen erhältlich sind! So eine 680g Packung Creme-Cookies kann einen dann schon mal für ne Woche ruhig stellen! Wie soll ich so nur meine Figur beibehalten? Da hab ich mir gedacht, iss doch zum Frühstück statt deiner Erdnussbutter mal ein gesundes Müsli oder ähnliches, um auch mal etwas aus der Gallon Milch weg zu bekommen! Aber was ich im 10 Meter langen Müsliregal im Supermarkt dann gefunden habe, ließ mein Kekskrümel-erfülltes Herz doch glatt höher schlagen: Cookie-Müsli. Ich kann frühstücken und gleichzeitig kleine Schoko-cookies essen, wie genial ist das denn! Also wenn ich etwas an den Amerikanern zu schätzen gelernt habe, ist es, sich die Dinge, die man mag zu gönnen und sich das Leben so bequem wie nur irgend möglich zu machen! What a great Nation! Ist ja nicht so als ob jeder Amerikaner ein Auto hätte und jederzeit einkaufen fahren könnte, aber diese Riesenpackungen sind scheinbar einfach nur praktisch…

Und da der Amerikaner gern viel von allem hat, gibt's auch Alkohol in (sehr) großen Flaschen! Deshalb stehen im Regal neben den herkömmlichen 0.7L Flaschen auch noch die USA-Sized Bottles mit stolzen 1.75 L und einer extra Vertiefung in der Flasche zum halten! Die Cola-Flasche fasst übrigens 2 Liter, nur so zum Vergleich! Beachtet bitte auch wieder den roten Becher. Ach ja für die Insider, die 0.7L Flasche Bacardi kostet hier im Handel 10 $, was ca. 7-8 € sind! Allerdings gibt es neben den ganzen tollen Dingen hier auch einen Minuspunkt: ich muss auf Havana Rum verzichten, da kubanische Produkte nicht ins Land importiert werden dürfen. Wie ihr euch vorstellen könnt, hab ich schon bittere Tränen geweint!

A long time ago in a galaxy far, far away…

28. Oktober 2010

Manchmal glaub ich selbst nicht, was uns hier so alles passiert. Um euch die heutige Geschichte näher zu bringen, muss ich zunächst etwas ausholen. Wie vielleicht einige wissen, hab ich einen extrem coolen Mitbewohner, halb Spanier, halb Deutsch. Dieser jene Mitbewohner macht nebenbei auch ein bisschen Musik und hat einen Song über Paul den Kraken geschrieben (Dimelo Pulpo) und mitsamt Video auf Youtube veröffentlicht. Nebenbei bemerkt: Der Song rockt!!! Falls ihr das Video mal seht, mein Mitbewohner ist der Junge im sexy Bademantel.

So, jedenfalls hat nun der Produzent einer Dokumentation über Paul unseren guten Michael kontaktiert und angefragt, ob er ihren Song für seinen Film benutzen darf. (Ihr könnt euch vorstellen, dass wir Miguel 2 Tage mit Dauergrinser erleben durften). Und da dieser jene Produzent gerade eine Dokumentation über George Lucas und Star Wars gedreht hat (The people vs. George Lucas, sehr lustig und zu empfehlen) und diese Premiere in San Francisco hatte, waren wir eingeladen, den Film zu sehen und mit zur Aftershow Party zu gehen!

Und jetzt stellt euch vor, eine Star Wars Motto Party, mit zahlreichen Freaks in Kostümen, einer Band, die nur Filmmusik spielt und allem drum und dran! Es war einfach unglaublich! Wir konnten viele bekannte Charaktere aus dem Film sehen, mit Ihnen trinken und Fotos machen und den ganzen Abend mit dem Director des Films (Alexandre O. Philippe) abhängen. Ich weiß nicht, wie viele von euch die Filme kennen oder sich zumindest ein bisschen mit der Religion Star Wars identifizieren können, aber eins kann ich sagen: Der Abend war einfach spitze, die Leute waren super und wir durften für ein paar Stunden in eine komplett andere Welt eintauchen!

Alter Schwede – der geht ab!

30. Oktober 2010

Mit vielen kleinen und manchmal auch großen Schritten leben wir uns hier in den vereinigten Staaten immer besser ein! Zuerst hab ich mir jetzt vollends den amerikanischen Sprachgebrauch angeeignet (wodurch mein allgemeines Englisch nicht unbedingt besser geworden ist) und kann ganze Konversationen füllen mit "Yeah, I guess, it's like, you know… kind a … you know what I'm talking about! For sure!".

Allerdings stoßen wir hier auch ziemlich an die Grenzen des richtigen Amerikaners, wenn wir mal weiter weg als in die City wollen (oder nach 12 aus dieser nach Hause wollen, das Taxi kostet jedes mal 40$…). Deswegen haben wir uns dazu entschlossen, uns hier ein eigenes Auto zu kaufen und mal auf amerikanische Art ein paar gallons gasoline zu verpulvern. Ich erspar euch jetzt die langweiligen Details, wie wir uns dieses Auto gesucht und wo wir es dann gefunden haben und verwöhne euch lieber mit ein paar kurzen Details:

Es handelt sich bei unserem alten Schweden um einen 1990er Volvo 240 DL, also noch einer der ganz alten, wunderschön eckig gestalteten Klassiker. Ein Traum von vorgestern! Allerdings hatten die Amis wohl damals schon Sinn für einen komfortablen Lebensstil. In unserem 20 Jahre altem Auto steht ein Automatikgetriebe, elektrische Fensterheber vorne und hinten, Servolenkung, Zentralverriegelung, Klimaanlage und Sitzheizung (allerdings nicht mehr so ganz funktionsfähig) und ein Radio, mit dem wir den ganzen Tag Radio 99.7 hören können (seit unserem ersten Roadtrip die Radiostation schlechthin).

Außerdem bin ich seit jetzt sofort Fan von Volvos! Das Auto fährt sich trotz seines Alters unglaublich smooth und an Automatik kann man sich auch gewöhnen. Weiterhin toll finde ich, dass man an diesem Auto noch selbst reparieren kann! So konnten wir die locker hängende Stoßstange ganz einfach wieder an einer Schraube festmachen und voilà: repariert war die Frontpartie! Und der Kofferraum ist riesig, da passen voll viele tolle Sachen rein, mit denen wir dann bepackt ins Wochenende starten können!

Und um unseren alten Schweden gleich mal ordentlich vorzustellen, sind wir mit ihm zur Hall of Science auf die Hills hochgefahren zu einem kleinen Fotoshoot, durchs Waldgebiet in den Hügeln und noch ein bisschen durch Berkeley gecruist! Ach ja, und in die City können wir jetzt auch nachts fahren wann immer wir wollen ohne jedes Mal ein Taxi zu brauchen! Awesome! Die praktische Führerscheinprüfung ist auch schon angemeldet, also werde ich bald im Besitz einer California Driver's License sein (nicht notwendig hier, aber hübsch und ein tolles Andenken. Und für 40 $ nimmt man den Führerschein mal eben mit!). Hoffen wir mal, dass unser alter Schwede uns zuverlässig und sicher auf unserem weiten Weg begleiten wird!

P.S. Ende Oktober und immer noch praller Sonnenschein!

Trick, Treat or Beer?

31. Oktober 2010

Halloween in den vereinigten Staaten! Da wir Deutschen dieses Fest ja kaum kennen und ich selbst es auch in Deutschland immer recht zweifelhaft fand, muss ich meine Meinung jetzt doch mal revidieren. Ein deutsches Halloween läuft folgendermaßen ab: Die Leute versuchen, sich verzweifelt gruselig zu verkleiden und irgendwie diesen fremden Halloween Spirit zu adoptieren, keiner weiß so recht ob er es jetzt gut finden soll, wenn kleine Kinder in Form einer Erpressung nach Süßem betteln und außerdem ist es ja eh alles nicht so koscher...

Und was macht der Amerikaner? Dem ist das alles egal! Halloween Spirit auf die amerikanische Art läuft nämlich so ab: Du besorgst dir ein Kostüm – egal was! Der Renner dieses Jahr waren (neben typischen Halloween Kostümen wie Hexe, Teufel und so...) das Lady Gaga Kostüm, Elfen, Bienen, ein Pferd, Angus Young etc. etc.! Ja und damit marschierst du dann in die nächstgelegene Bar, die dank des einmaligen Datums auch noch kaum voll gestopft ist, und machst das, was der Amerikaner immer dort macht: Feiern und Bier trinken! So läuft Halloween mal für Erwachsene ab!

So ging's Freitag (Halloween wird das ganze Wochenende gefeiert) erst mal in Berkeley in die Studenten-Stammkneipe und es wurde mit ein paar Pitchern (ca. 2 L) begonnen. Weil man dort aber nicht bleibt, wurde dann weiter um die Häuser gezogen. Schließlich fanden wir wieder eine von diesen tollen amerikanischen Hausparties, wo du einfach rein marschierst und keinen Menschen kennst! Macht aber ja auch nix, weil meistens ein großes Fass auf dem Tisch steht und man schnell Freunde findet. Später haben wir dann herausgefunden (nachdem wir andauernd danach gefragt wurden), dass es sich um eine Mottoparty von Kostümen handelt, die mit "B" anfangen. Also Bee, Blues Brother oder Bobcat... Kurzerhand hab ich mein Kostüm also zum "burning Devil" umbenannt und alles war wieder bestens! Später trafen wir in der zweiten Stamm-kneipe noch die Absinth-Fee und die Nacht war gerettet!

Samstag sind wir dann in die City gefahren mit unserem alten Schwe-den! Haben auch relativ schnell einen Parkplatz gefunden (nach nur 25 Minuten…) und konnten uns dann sofort in die nächste Schlange anstel-len, um in die Bar rein zu kommen. Hier wieder das gleiche Bild, die Bar komplett voll mit wild verkleideten Menschen und alle feiern ausge-lassen Halloween! Nachdem ich jetzt ein amerikanisches Halloween mitgemacht habe, fällt mir eigentlich nur ein treffender Vergleich zu einem deutschen Brauch ein: Fasching! Wenn man sich Halloween eher als deutschen Fasching vorstellt (den die Amis übrigens nicht kennen), dann ergibt plötzlich alles Sinn!

Ach ja, Sonntagabend (wirklich Halloween) hat unser Vermieter dann eine große Tüte Candy besorgt und wir hatten Türdienst abzuleisten (Pflicht für unser erstes Halloween). Im Laufe des Abends händigten wir ca. 50 kleinen Kindern Süßigkeiten aus, rannten alle 5-10 Minuten zur Tür und sahen von 30 cm bis 1,80 m jede Form von „Kind", die man sich vorstellen kann! Die gesamte mit Kind ausgestattete Nachbarschaft, war auf den Beinen und bettelte (oder erpresste…) was das Zeug hielt. Für Kinder eigentlich ein schöner Brauch, muss man sagen! Und wieder mal eine neue Erfahrung gemacht in Sachen Living in the USA!

Damn stupid animals... and surfing :)

13. November 2010

So, nachdem letztes Wochenende eher langweilig war, da alle meine roommates inklusive unseres Vermieters ausgeflogen waren und ich krank daheim bleiben durfte, war dieses Wochenende wieder mal ein gigantisch grandioser Surftrip in Santa Cruz geplant! Tobi war immer noch in Deutschland auf einem Workshop („arbeiten...") und meine anderen zwei Chatoen mussten leider wirklich arbeiten, also fuhr ich mit Konstantin, Francisco, Jade und Lory am Samstagmorgen mit unserem alten Schweden Richtung Süden!

In Santa Cruz angekommen, schnappten wir uns wieder Boards und Wetsuits und sprangen sofort in die Fluten! Das Wetter verwöhnte uns mit bombastischen 20°C und prallem Sonnenschein! Ziemlich beeindruckend für Mitte November! Lory und Helga hatten uns noch Bagels mitgebracht, aber wir wollten sofort ins Wasser! Also packten wir die Bagels zu den Handtüchern in die Tüte und nahmen sie mit an den Strand. Erster schwerer Fehler dieses Wochenendes... Wir saßen auf unseren Boards und warteten auf schöne Wellen, als uns folgendes auffiel: Irgendwie tummelten sich ungewöhnlich viele Möwen rund um unsere schwarze Plastiktüte, zerrten an etwas herum und machten Aufstand! Konstantin eilte auf seinem Board zum Strand aber da war es schon zu spät... er konnte nur noch den restlichen Inhalt unserer Tüte wieder zusammensammeln, aber keine Spur weit und breit von unseren Bagels! Stupid Seagulls!

Naja, davon ließen wir uns die Laune nicht verderben und so gingen wir erstmal Pizza essen und das Cal-Game gegen Oregon anschauen. Anschließend packten wir unsere Boards in und auf unseren alten Schweden (irgendwie hatten wir es geschafft, 6 Boards für 5 Leute dabei zu haben und waren vollbepackt bis aufs Dach) und fuhren weiter in Richtung Süden zum Sunset Beach, wo der Campingplatz für unsere Nacht-„Ruhe" wartete. Dort angekommen bauten wir schnell im Dunkeln unsere Zelte auf und begaben uns dann zum gemütlichen Teil des Abends (Würstchen und Bier).

Der Feind zeigte sich allerdings schon und schmiedete subtile Pläne, wie er uns unser Frühstück verderben könnte! Nichtsahnend gingen wir also ins Bett und überließen unser Futter dem Holzschrank. Großer Fehler Nummer zwei an diesem Wochenende. Francisco entdeckte am nächten Morgen die Misere... „Dude! The fu*** Racoons ate all our hotdogs!" Nicht nur die restlichen 14 Würstchen waren weg, ebenso das Brot und eine Tüte Nachos! Die Biester hatten sich oben durch einen Spalt in der Holztür gedrückt und unseren Schrank leer geräumt! Stupid Racoons!

Aber auch davon ließen wir uns die gute Laune nicht verderben, fuhren wieder zurück nach Santa Cruz und stiegen wieder in die Wellen! Bilanz dieses zweiten Surftrips: Ich hab's geschafft, ganze vier Sekunden richtig auf dem Board zu stehen und eine kleine Welle zu surfen! That made my weekend! Außerdem war es zur Abwechslung mal schön, nicht im Regen zu campen! Seit ich hier in California bin, hat es glaub ich 5-mal geregnet oder so. Leider haben wir es geschafft 2-mal davon beim Campen mit zu nehmen und so immer im feuchten Gras aufzuwachen! So hatte ich mir das schon eher vorgestellt hier in Cal!

Auf der Heimfahrt haben wir den Highway one an der Küste entlang und durch San Francisco genommen. Wie sich heraus stellte, schwerer Fehler Nummer drei an diesem Wochenende. Gerade als wir durch die City fahren wollten, endete wohl das Footballspiel der 49ers. Das bedeutete dass 50.000 Autos mehr als sonst durch die City wollten, was uns direkt in einen einstündigen Stau führte. Aber mit Automatik ist Stop and Go ja nur halb so schlimm, also hab ich auch das überlebt!

Alles in allem wieder mal eines der geilsten Wochenenden überhaupt und definitiv zu wiederholen!

Big Game Week

20. November 2010

Also dass die Amerikaner ja ein bisschen sportverliebt sind und alles stehen und liegen lassen für ihre Spiele ist ja schon bekannt. Nebenbei gibt es aber auch extra Verkehrsschilder, die subtil darauf hinweisen, dass das Parken an Gamedays hier strikt verboten ist und mit verdoppelten Geldstrafen geahndet wird.

Allerdings geht es auch noch teurer! Wenn man in die Berkeley Stammkneipe geht (Bear's lair – die Höhle des Bären) und dort gegen die Regeln verstößt, wird man gleich mit hohen Geldstrafen belegt und zur richtigen Strafe beim Feind fürs kommende Semester eingeschrieben. Da wird gar nicht lange herumgemacht und gleich hart durchgegriffen!

Ja, alles in allem hassen wir Stanford immer noch und immer mehr! Wie kann man auch einen Baum als Maskottchen haben und rot tragen... Das alles sagende Motto des Wochenendes lautete natürlich stilecht BEAT STANFORD!

Und wie ich auch schon mehrmals erwähnt habe (glaub ich zumindest...) ist ein Heimspiel-Wochenende einfach nicht mehr normal! Da wird in Berkeley der Ausnahmezustand ausgerufen, die öffentlichen Verkehrsmittel fahren nicht mehr zum Campus oder Innenstadt, sondern ändern ihre Route nach „GO BEARS" oder „BEAT STANFORD". Die Menschen tragen nicht mehr Alltagskleidung, sondern nur noch blau-goldene Uniformen. Und wehe einer erscheint im roten Dress, dann stimmt die gesamte Belegschaft das tolle Liedchen „Take off thereeeeeedshirt" an und gibt erst Ruhe, wenn die böse Farbe weg ist.

Auch das Erscheinungsbild des Campus wird leicht abgewandelt und dem Game-Flair angepasst. Der UCB Campus ist an normalen Tagen schon recht ansehnlich, aber in der Gameweek wird er natürlich zu Ehren des Footballteams in besonderes (blau-goldenes) Licht gerückt!

Zu guter Letzt wird am Abend vor dem großen Spiel nochmal richtig der Hexenkessel angeschürt und ein leckeres Bon-fire gekocht! Serviert wird das Ganze mit ein paar (einseitig erzählten) Anekdoten über die Geschichte der Axt (geklaut von den Stanford-Luschen) und zum Dessert gibt's dann noch ein paar delikate Tanzeinlagen der Cheerleader, unterstützt von der California Marching Band (deren üppiges Repertoire ich inzwischen auch schon auswendig kann). Alles in allem eine abgerundete Einstimmung auf den kommenden Spieltag! Und auch wenn sich dass jetzt vielleicht nicht so anhört und ich dem ganzen Gericht eine Prise Ironie zu viel verpasst hab, so findet man doch schnell Gefallen an der Euphorie (oder schreibt man das „Hysterie"?) und lässt sich mitreißen von der Stimmung. So kam es auch dass wir trotz Regen (Ja, sowas gibt's hier ab und zu) ins Greek Theater gepilgert sind und diesem mitreißenden Event beigewohnt haben!

3 cities – 5 days – 1200 miles: Thanksgiving Roadtrip
28. November 2010

Thanksgivingist nach Weihnachten hier der zweitgrößte Feiertag in den USA. Dafür gibt es auch gleich 2 Tage frei (schöne Angewohnheit der Amerikaner für tolle Feiertage gleich 2 freie Tage zu geben), damit die ganze Familie zusammenkommen und Turkey essen kann! Und weil wir auch so eingefleischte Amerikaner sind, haben wir natürlich ganz klassisch Thanksgiving gefeiert... Pustekuchen! Weil wir tolle Europäer sind haben wir uns den Mittwoch noch frei genommen, um einen außergewöhnlichen 5 Tage dauernden Roadtrip (WOOooHOOOO) zu veranstalten!

Los ging's also am Mittwoch Richtung Big Sur National Park! Wieder mal den berühmten und wunderschönen Highway One an der Küste entlang nach Süden fahren und alle Meile anhalten und die Aussicht genießen! Das Wetter war uns wieder mal überaus gnädig und so hatten wir das ganze Wochenende strahlenden Sonnenschein und angenehme Temperaturen. An einem wunderschönen Strand beschlossen wir dann, mal anzuhalten und zum Meer zu gehen. Nur mussten wir dazu einen kleinen Bach durchqueren und die Schuhe ausziehen. Aber wo wir schon mal dabei waren, gingen wir dann gleich noch bis zu den Knien ins Wasser und schossen ein paar Fotos! So betrug es sich auch, dass ich von Tobi ein wunderschönes Foto in den Wellen bekam und mir noch im Sucher der Kamera dachte: „Wow, das ist eine wunderbar große Welle da hinterm Tobi, was für ein geiles Motiv" Der aufmerksame Leser wird nun schneller verstehen als ich damals: „TOBI, raus da schnell!" Bääätsch, da war es auch schon zu spät! Hat den Tobi bis zum Hintern nass gemacht! Aber wir hatten unseren Spaß! Die Jeans (auch meine - ebenfalls nass) haben wir dann auf locker kalifornische Art zum Fenster unseres Autos raushängen lassen und schön bei 65 mph trocknen lassen! Hat auch einigermaßen geholfen, bis zum nächsten Tag war dann aber wieder alles trocken! Die Landschaft im Big Sur ist auf jeden Fall einzigartig und wunderschön! Die felsigen Küsten sowie die sandigen meilenlangen Strände laden einfach ein zum Bestaunen und mal die Seele baumeln lassen! Die Nacht verbrachten wir dann mit Camping (was wiiiiirklich kalt war – soooooo kalt).

Am nächsten Tag fuhren wir den Highway one weiter Richtung Süden und das Highlight des Tages waren eindeutig die freilebenden Seelöwen. Ihr müsst euch das so vorstellen, man fährt mal eben an einem Aussichts/Rastplatz heraus, läuft 30 m vom Parkplatz weg und hört es schon Furzen und Grunzen! Ein atemberaubender Anblick, wenn man dann sieht, wie vor einem hundert riesige Seelöwen einfach so auf einem Haufen am Strand liegen und sich die Sonne auf den fetten Pelz scheinen lassen! Ach ja, und wenn ihnen langweilig ist – dann bewerfen sie sich ein bisschen mit Dreck gegen den Sonnenbrand oder rollen sich mal quer über die Gruppe drüber! Was für ein Traum von Leben!

Schließlich kamen wir abends in Santa Monica / L.A. an und sind dann in eine Sportsbar gegangen! Leute, so was hab ich noch nicht gesehen: Zum einen hat mal jeder Tisch seinen eigenen Fernseher an dem man seinen Lieblingskanal sehen kann, zum anderen aber hängen da noch 6 Breitbildfernseher nebeneinander, auf denen jeweils ein anderes Football oder Basketballspiel läuft! Unmöglich sag ich euch! In L.A. haben wir uns am nächsten Tag dann Venice Beach angeschaut (ein wunderschöner Strand) und sind nach Hollywood gefahren. Allerdings ist L.A. wirklich stressig und – sagen wir mal etwas künstlich! Deswegen sind wir dann mit dem Sonnenuntergang weiter gefahren nach San Diego, wo wir abends im Hostel angekommen sind und gleich bei der Bier-Olympiade mitgemacht haben.

San Diego, die letzte Festung vor der Grenze Mexikos, ist eine wirklich beeindruckend schöne Stadt! Geprägt und unglaublich gestaltet vom spanischen und mexikanischen Einfluss findet sich hier (im Gegensatz zu vielen anderen amerikanischen Städten) wirkliche Kultur! Die

Strandpromenade ist auch toll und das Wetter war super! Ende November in kurzen Hosen und T-Shirt am Strand entlang zu laufen fühlt sich ungewohnt komfortabel an! Das einzige, was nur schwer ins Bild gepasst hat, war die Eislaufbahn direkt am Strand, zugehörig zu einem Luxushotel, das seinen Gästen wohl etwas Abwechslung vom öden und eintönigen Strand- und Meeresalltag bieten will. (Blöde Idee, Abwechslung vom Strand…). Ach ja und mit der riesigen Santa-Claus Figur mit den Rentieren konnte ich irgendwie auch noch nichts anfangen. Die Weihnachtsstimmung in mir weigert sich einfach aufzukommen bei all dem Sonnenschein tagsüber! Aber wie ich ja gesehen habe, liegt zuhause ja schon weißes Pulver auf den Dächern.

Am Sonntag ging's dann wieder nach Hause, 500 Meilen in knapp 10 Stunden runtergefahren. Dabei sind wir mal durchs Hinterland von Kalifornien gekommen und durchs Nichts gefahren. Außer ein paar Tankstellen und Rastplätzen gab's da wirklich nichts – außer einer beeindruckenden Mondlandschaft – oder eher Marslandschaft, wegen der roten Farbe? Zuhause angekommen hab ich mich dann noch schnell durch meine ganzen Bilder gewühlt und bin dann erschöpft ins Bett gefallen.

Einer der besten Trips aller Zeiten!

Getting in Christmas mood – slowly

12. Dezember 2010

Heute mal ein kurzer Artikel, da ich schon wieder am Kofferpacken bin für meine nächste Reise nach Hawaii am Dienstagmorgen! Aber ich möchte die Gelegenheit nutzen, nochmal paar kurze Infos zu übermitteln!

Also zuerst mal ist es hier verdammt schwierig, in Weihnachtsstimmung zu kommen! Es fehlen einfach die niedrigen Temperaturen und der Schnee. Letzte Woche haben wir draußen Mittag gemacht und es war einfach zu warm, also sind wir wieder rein gegangen! Sowas gibt's hier!

Nichts desto trotz haben wir aber dann beschlossen, doch noch richtig einen auf Weihnachten zu machen und eine Christmas Party bei uns zuhause zu veranstalten! Deshalb ging's Samstag mit dem Schweden und dem Franzosen (unser Landlord J.P. – sprich Jay P) zum Home Depot einen Baum inklusive Dekoration kaufen! Zuhause angekommen beteiligte sich die ganze Familie (Miguel, sein Bruder Carlos und dessen Freund Jojo, Vincent, Tobi und ich) an den Vorbereitungen zum großen Fest. Der Baum wurde in Null Komma nix geschmückt und das Haus festlich dekoriert. Ich probierte mich diesmal an selbstgemachtem Glühwein aus und die Gäste brachten Plätzchen und Kuchen mit – so richtig traditionell eben! Zusätzlich servierte Arnaud noch Lachs-Snacks und es gab als Nachspeise Pudding!

Alles in allem eine wunderbare Einstimmung auf das kommende Weihnachtsfest. Ich hoffe nur, diese Atmosphäre kann ich mir noch ein bisschen bewahren, wenn Tobi und ich dann übermorgen in Hawaii am Strand liegen und „Alooohaaaaeeeey" singen.

Weil wir so schööön sind, so schlau sind...

15. Dezember 2010

... so rank und schlank – Gehen wir nach Waikiiiiiiikiiiiiiii!

Ja nachdem Tobi im Rahmen seiner Arbeit am LBL auf eine Konferenz nach Honolulu auf Oahu eingeladen wurde, hat er mich doch gefragt, ob ich nicht mit möchte! Ihm wäre doch ohne mich so langweilig und außerdem bräuchte ich ja auch mal Urlaub. Hab mich also dazu überreden lassen, 10 Tage mit Tobi nach Hawai'i zu fliegen und dort mal bisschen Urlaub zu machen! Nach 5 Stunden Flug ging's also los auf der Insel!

Der erste Eindruck von zwei Kaliforniern, die aus dem warmen Berkeley kommen, war im wahrsten Sinne des Wortes „umwerfend"! Nicht alleine der schönen Landschaft wegen, der grünen Berge und des Inselatolls, viel mehr noch wegen der gleißenden Hitzemauer die man durchbricht, wenn man aus dem klimatisierten Flughafengebäude heraustritt. Der Weg zur Gepäckannahme war auch gleich im Freien (relativ untypisch für Airports) und selbst die Angestellten und die Hinweisschilder signalisierten uniformiert: Aloha, du bist jetzt auf Hawai'i!

Mit dem Flughafenzubringer ging's dann zum Hostel, welches gerade mal 1 Block vom Strand entfernt war. Schnell die langen Hosen gegen Shorts getauscht und ab zum Waikiki Beach, dem wohl berühmtesten Strand der Welt. Hier wurde vor einiger Zeit mal das Surfen erfunden, als die Einwohner wohl Spaß daran hatten, mit ihren Booten auf den Wellen mit zu reiten. Allerdings erwartet dich heute als Tourist am Waikiki Beach erst mal ein Kulturschock. Die Tourismusbranche hatte die geniale Idee, die Strandpromenade mit Hotelkomplexen voll zu bauen. Das ganze Flair einer unbewohnten Insel wird hier von Handtuchreservieren an den am Meer gelegenen Strandabschnitten der Hotels untergraben.

Wenn man allerdings ein bisschen weiter geht und mal den kleinen Luxusabschnitt hinter sich gelassen hat, trifft man auch wieder auf dieses wunderschöne Inselflair. Leute, die einfach am Strand im Sand liegen, Locals die vor der Abenddämmerung noch schnell surfen gehen und weiter schöner Sandstrand.

Als nächstes haben wir uns den Norden der Insel vorgenommen! Wenn man mit dem öffentlichen Verkehrsmitteln auf Hawaii („TheBus") zum sog. North Shore fährt, erwartet einen eine Insel, wie ich es mir im Traum vorgestellt habe! Einsame, meilenlange Strände, keine Touristen weit und breit (wär ja auch zu weit, hier hoch zu fahren), zwei Kokosnüsse am Boden und vor allem strahlend blauer Himmel! Ich bin dann noch kurz schnorcheln gegangen, habe mir ein paar Fischchen angeschaut und bin dann glücklich und zufrieden im Sand eingeschlafen! Das North Shore ist auch das Surfer Paradies auf Hawaii, da hier die Wellen größer und auch gefährlicher sind. Der Mann im Hostel hatte mir mit meiner Surferfahrung auch abgeraten mich dort umzubringen. Ich solle doch lieber am Waikiki Beach bleiben!

Weiteres Highlight der Tour auf Hawaii war eine Wanderung zu den Manoa Falls. Wenn man ins Zentrum der Insel fährt, kommt man zu einem Wanderweg, der einen erst mal zwei Stunden durch den Jungle führt und dabei einen steilen Pfad bergauf nimmt. Man fühlt sich da wirklich wie im tropischen Wald, es wachsen Büsche und Bäume auf allen Ebenen! Tropische Lianen lassen auf Tarzan warten und stellenweise Bambus soweit das Auge reicht. Oben angekommen sprudelt dann ein großer Wasserfall quicklebendig den Berg hinunter und es bietet sich gemütliche Rast vom steilen Aufstieg. Wir sind dann noch ein Stückchen weiter gelaufen und sahen buchstäblich vor lauter Bäumen den (Bambus-)Wald nicht mehr! Unglaublicher Anblick inmitten von Milliarden und Quadrillionen Bambusstäben zu stehen, ohne dass wirklich Sonnenlicht den Boden erreicht!

… to be continued…

Humuhumunukunukuapua'a und Kamehameha? Klaaaar!

18. Dezember 2010

Weiter geht's mit der Inselerkundung auf Hawai'i! Nachdem Tobi sich ein bisschen verletzt hatte, bin ich heute ohne ihn los gezogen.

Ziel meiner Reise war die Manauma Bay, eine perfekt halbmondförmige Bucht. Irgendwann mal ein Vulkankrater gewesen, wurde sie vom Meer einfach vollgespült und ist heute ein einmaliges Reef und State Park. Das bedeutet man darf rein, muss sich dort aber zunächst ein Video ansehen. Kurzform des 10 minütigen Films: Do not harass the turtles! Do not harass the fish! Just look, don't touch!

Ja, was soll ich sagen! Eine atemberaubende Unterwasserwelt bietet sich dem mutigen Taucher, der im ein-Meter tiefen Wasser mit Schnorchelausrüstung auf Fischtour geht! Das Riff zieht die abstraktesten Arten von Fischen an, da sie hier ungestört leben können! Und wenn man sich mal die Farben der Fische anschaut, fragt man sich wirklich: „Wie schaffst du es eigentlich, in Mutter Natur zu überleben???" Gutes Beispiel hierfür ist der Hawaiian State fish, der Humuhumunukunukuapua'a!

Bei dieser Gelegenheit muss ich auch gleich noch anmerken: Ich liebe die Hawaiianische Inselsprache! Man findet nie – wirklich nie zwei Konsonanten hinter einander! Stattdessen wird fröhlich freundlich vokalisiert! Berühmte Beispiele sind der König Kamehameha, das MeleKalikimaka oder ein kurzes Mahalo! Ist halt doch eine Insel mit zwei Bergen.

Die nächsten zwei Tage waren nicht so überragend! Ein tropischer Regenschauer zog sich über die Insel und überflutete die völlig mit der Situation überforderte Kanalisation. Das Wasser stand 10 cm hoch auf den Straßen und die Tourismusbranche war zeitweise völlig lahm gelegt. An der Kleidung musste man nichts ändern – Flipflops und T-Shirt war weiterhin der präferierte Style, vor allem da man mit festen Schuhen eh nur bis zum Knöchel im Wasser stand. Die Temperaturen blieben konstant 30° tagsüber und 25° nachts – alles wie gehabt. Wir beschlossen intelligenterweise, die nicht-strandfähigen Tage damit zu nutzen, mal nach Pearl City zur Gedenkstätte von Pearl Harbour zu fahren und uns noch Downtown Honolulu anzusehen. Mit Regenponcho und Hawaiianischem Inselspirit „Shaka- hang loose", was ganz frei mit immer locker bleiben übersetzt werden kann, schlappten wir also durch die Innenstadt.

Die letzten zwei Tage waren wieder überragend. Strahlender Sonnenschein und wir bekamen Besuch aus dem hohen Norden! Flow und Low aus Kanada trafen sich mit uns auf Hawaii, um danach mit Tobi noch ne Woche Urlaub dran zu hängen. Wir verbrachten die zwei Tage am Strand mit Schnorcheln, Surfen und einfach nur Shaka! Der letzte Abend vor der Abreise wurde dann nochmal zum Absch(l)ussabend, nachdem wir auf unserer Lieblingspartymeile einen Flyer von Senor Frog bekommen haben, der uns doch glatt zu Drinks für 1$ eingeladen hat! Nach 12 Rum-Colas sind wir dann natürlich pünktlich um 2 aus dem Club und haben in tollem Hawaii Spirit noch mal einen Abstecher ins immer noch badewasserwarme Meer gemacht.

Visiting Family – my German and Korean one!

27. Dezember 2010

Zwischen Weihnachten und New Years Eve fuhren wir nun zum zweiten (und nicht letzten) Mal runter nach San Diego. Diesmal allerdings nur Miguel und ich, da Tobi immer noch auf Hawaii war und Island-Hopping betrieb. Wir besuchten unsere kleine koreanische Schwester Lory und ihre Familie dort. Zur Ankunft gab's dann zuerst mal ein großes traditionell koreanisches Dinner!

Leute ich sag euch eines: Koreanische Küche ist der Wahnsinn! So würzig und geschmackvoll hab ich selten gegessen. Und die Koreaner machen Wraps – im Salatblatt! Völlig neuartig und gesunde Wraps! Und die schmecken durch diese ganzen würzigen und scharfen Pasten auch noch höllisch gut!

Am nächsten Tag ging's dann wieder mal nach Pacific Beach (das Ziel unseres ersten Roadtrips in San Diego) und dort an den Strand. Ich bewaffnete mich mit Lory's Surfboard, allerdings ohne Wetsuit (die Girly-Variante von Lory'sWetsuit gefiel mir nicht… außerdem hätt ich ihn wohl gesprengt!) Also ab in Boardshorts und Surfingoberteil (Danke meine Kollegen aus der Heimat!) und rein in die Wellen. Ich hab es dann sogar ganze 15 Minuten ausgehalten, bevor ich frierend und steif wie ein Wassereis wieder aus dem Mehr stieg.

Am nächsten Tag haben es Miguel und Lory irgendwie geschafft, mich früh um 7 Uhr (in Worten: SIEBEN!!!) aus dem Bett zu holen, um am Strand zu joggen! Fragt mich nicht, wie die das geschafft haben, jedenfalls liefen wir dann früh um 8 oder so am menschenleeren Strand von San Diego. Hat sich aber gelohnt, muss ich zugeben! So etwas hab ich auch noch nicht gesehen gehabt! Wir liefen an einem kilometerlangen, ca. 200 Meter breiten Strandabschnitt im Morgengrauen in die eine Richtung und drehten schließlich irgendwann rum, um barfuß im Meer wieder zurück zu laufen. Wunderschönes Erlebnis! Könnte ich mich früh selbstständig aus dem Bett bewegen – würde ich das vielleicht öfter tun.

Zum Abschluss in San Diego hab ich dann noch die Schwester meines Opas besucht. Ich hab sie angerufen und ihr Bescheid gesagt, dass ich vorbei kommen würde. Sie wusste zwar nicht genau, wer da jetzt kommen würde, aber es wäre schon irgendwie „Familie"! Als ich dann von ihr an der Tür herzlichst empfangen wurde, wusste ich: Ich bin wieder daheim bei der Oma! Hab mir dann erstmal meinen Rüffel abgeholt, was mir denn einfällt mich erst jetzt zu melden wo ich doch schon 4 Monate hier bin! „Ja Oma, tut mir leid Oma…" Aber trotzdem haben wir dann natürlich etwas gekocht bekommen und ich musste mir eine Tüte mit Süßigkeiten mit nach Hause nehmen sowie ein bisschen deutsche Wurst (Rarität: Weißgelegter und Blutwurst!)! War auf jeden Fall wieder einmal wunderschön, auf kalifornische familiäre Art empfangen zu werden!

Happy new Year
31. Dezember 2010

Kaum aus San Diego zurückgekommen stand natürlich schon das nächste Ereignis auf dem Plan! Miguel und ich kamen am 30. Dezember nach Hause, Tobi kam am Abend aus Hawaii eingeflogen. Dann durften wir uns noch einmal ausschlafen und am 31. wurde dann schön New Years Eve gefeiert! Also in den USA läuft ja einiges anders ab als in der Heimat. Und ein typisches Silvester in Deutschland stell ich mir etwa so vor: Wir feiern und trinken bis kurz vor 12, nehmen dann unsere ganzen Getränke und Feuerwerkskörper mit raus, zelebrieren ordentlich Pyromanie und stoßen dann an unter freiem Himmel und wünschen jedem ein frohes, neues Jahr! Ja, wenn man jetzt das ganze Mal an die amerikanischen Gesetze anpasst, sieht das nicht mehr ganz so rosig aus. Trinken unter freiem Himmel: Verboten! Feuerwerkskörper: Verboten! Was bleibt dann übrig? Richtig! Wir sind in die City gefahren, in einen Club gegangen und haben dort New Years Eve gefeiert! Im Fernsehen kam auch die Neujahrsübertragung aus New York, sozusagen "live" (Bis auf die 2 Stunden Zeitverschiebung die New York schon längst ins neue Jahr geschickt hatte...)! Insgesamt war der Abend ja ganz lustig, aber ich freue mich trotzdem nächstes Jahr wieder darauf, mit zwei Raketen in den Händen auf dem Berg zu stehen und in den Nachthimmel zu rufen: "Zünd mich AAAAAN!"

Einziger Minuspunkt des Abends! Um 2 Uhr war wieder mal Feierabend im Club und dann stehen 87.4 Grillionen Menschen auf den Straßen von San Francisco und wollen nur eines: Taaaaxiiiiiii! Hat demnach auch knapp eine Stunde gedauert, bis wir einen Taxifahrer gefunden haben, der uns gleich mal fürs knapp doppelte (Neujahrszuschlag) nach Hause gefahren hat.

Happy New Year wünsche ich euch allen!

Time to say Goodbye!
15. Januar 2011

Es war soweit. Es war Zeit, Abschied zu nehmen. Abschied vom Giganten! Einzigartig, unverwechselbar, unnachahmbar, oft kopiert doch selten erreicht: Das letzte Wochenende mit unserem halbspanischen, doppelt temperamentvollen Mitbewohner Miguel stand vor der Tür!

Zum Abschied einer Ära haben wir noch einen letzten Wochenendausflug unternommen. Ziel der Reise waren die beiden National Parks Muir Woods und Point Reyes im Norden von San Francisco. Zusammen mit Vera und dem alten Schweden ging's also los!

Der Muir Woods Park ist vor allem berühmt für seine Redwood Trees. Das sind diese wahnsinnig hohen Bäume, die hunderte von Jahren alt werden und durch nichts tot zu kriegen sind (Ausnahmefälle sind Wildfeuer oder Kettensägen…). Beeindruckend ist vor allem, dass man nur eine halbe Stunde mit dem Auto nördlich von San Francisco ein so unangetastetes Waldgebiet vorfindet, das eigentlich zu Recht schon als Naherholungsgebiet durchgeht. Wenn man durch den dichten Wald läuft und die reine, saubere Luft einatmet, vergisst man schnell, mal dass nebenan eine Millionenstadt steht. So sind wir also zwei Stunden oder so durchs Unterholz marschiert und haben die Natur wiedermal neu erlebt.

Danach ging's weiter Richtung Norden nach Point Reyes! Wir parkten unseren Schweden am Strand und erlebten erst mal eine Überraschung. Dort, genau vor unseren Augen, lag ein tonnenschweres Vieh am Strand und ruhte sich einfach nur aus! Es handelte sich um ein männliches Exemplar der Sealions, die wir schon zuvor auf unserem Roadtrip nach San Diego im Big Sur Park gesehen hatten. Damals waren es allerdings nur Weibchen, die auf die Männchen warteten. Diesmal sahen wir einen Bullen, der nach Auskunft der Ranger von einem Artgenossen vermöbelt wurde (Rangkampf leider verloren) und sich nun erstmal von seinem blauen Auge erholen musste. Faszinierend war allerdings, wie nahe man einfach um ihn rumstehen konnte! Der Ranger zog mit einem Stock einen großen Kreis in den Sand – das war die Absperrung! Wieder mal Natur pur! Als wir dann noch am Strand entlang gingen (Füße ins Meer) und wieder zurück kamen, waren auch die Besucher und die Ranger nicht mehr da. Doch ein Schild wies immer noch darauf hin, dass man doch bitte 30 Meter Abstand halten sollte...

Am Sonntag zelebrierten wir dann noch das letzte Abendmahl mit ein paar Freunden unserer kleinen Familie. Montag früh hieß es dann Abschied nehmen und Miguel machte sich wieder auf den Weg in die Heimat. Vielen Dank lieber Opa für die geniale Zeit!

Es wird halt nicht ruhiger...

19. Januar 2011

Zwei Tage nachdem Miguel ausgezogen ist, sind schon unsere neuen Mitbewohner am Start. Da auch unser französischer Landlord JP ausgezogen ist und das Semester mit seiner Frau in Washington verbringt, wurde also das ganze Haus neu gemischt. Zusammen mit Tobi und mir wohnen jetzt Webdeveloper Jon (USA) aus Philadelphia, der 40 jährige total durchgeknallte DJ Zoran (Serbien) und Danijela (Kroatien) mit im Haus. Anfangs dachte ich ja, dass es ein wenig ruhiger wird, wenn Oppa das Haus verlässt (und das ist es glaub ich auch ein bisschen), aber von Langeweile oder so was immer noch keine Spur. Zoran hat die "Wir nutzen jetzt mal das Wohnzimmer" Kultur etabliert und seit wir JP gegen Jon eingetauscht haben, gibt's auch öfters mal die eine oder andere Abendveranstaltung aka. Party in der Garberstreet.

Was gab's sonst noch neues: Tobi und ich haben zur Halbzeit unseres Aufenthaltes Zimmer im Haus getauscht, das heißt ich hab jetzt noch mehr Platz, um Sachen zu sammeln, die dann nicht mehr in meinen Koffer passen werden. Außerdem schleppt mich Tobi jetzt abends immer mit zum Sport, damit wir mal was gegen die ganzen Kekse und Erdnussbutter tun.

Im Lab könnte es auch nicht besser laufen. Mein bisheriger Chef im Labor ist nun nach Korea gewechselt und im Moment hat unsere Arbeitsgruppe noch keinen Nachfolger für ihn. Das befördert mich irgendwie zum Chef in unserem Labor und gleichzeitig hab ich auch das Büro mit übernommen. Hab mich also im wahrsten Sinne des Wortes hochgeschlafen (immer mal ein Nickerchen nachmittags: Powernap nennt sich das!). Deshalb darf ich jetzt in meinem eigenen Büro durch meine eigenen zwei Fenster den Blick auf die Bay und die Golden Gate Bridge genießen!

The Art of Mixology

22. Januar 2011

Nachdem ich von Tobi auf eine Gutscheinaktion für einen 40- stündigen Barkeeperkurs hingewiesen worden bin, hab ich mich doch gleich mal dort angemeldet! Ich wollte ja schon immer so was machen und damit mein Hobby irgendwie auf den nächsten Level befördern. Hier ergab sich jetzt zum ersten Mal auch preislich die Gelegenheit dazu!

Also hab ich keine Zeit verloren und mich am nächsten Wochenende gleich mal angemeldet. Der Kurs sollte sich über 2 Wochenenden erstrecken, jeweils Samstag und Sonntag den ganzen Tag mixen, lernen und servieren! Zum Abschluss gab es eine mündliche und eine schriftliche Prüfung (der sog. Speed Trial, dazu später mehr) und wenn man das bestanden haben sollte, ist man offiziell zertifizierter Bartender.

Leichter gesagt als getan! Als verwöhnter Physikstudent ist man es natürlich gar nicht gewohnt, Sachen auswendig zu lernen! Genau das wurde aber verlangt! Also Gehirn zusammenbeißen und ab dafür mit ca. 100 Cocktailrezepten: Welcher Alkohol, wie viel davon, in was für ein Glas und mit welcher Dekoration kommt das Ganze? Gibt es Abwandlungen davon? Welcher Kategorie Drink gehört das Ding an? Von einfachen Rezepten wie Rum-Coke über die Klassiker Long Island Ice Tea und Margarita bis hin zu ausgeprägteren Dingen wie dem Tokio Tea oder dem Old fashioned. Alles musste auf Abruf parat sein.

Dazu kam dann noch das praktische Training in der Bartending School. Wobei die "Schule" eher aussah wie eine gigantische Bar. 10 Barstationen, voll ausgestattet mit allen Flaschen und Gläsern, die dazu gehören. Allerdings befand sich nur gefärbtes Wasser in den Flaschen. Anders wäre es ja folgendermaßen (um es mit den Worten meines Bartending Instructors zu sagen): "We would throw Grazillions of dollars out the windows and everyone would be wasted like shit!" Aber es war auch so anstrengend und sehr lehrreich! Am ersten Tag durften wir uns dann gleich am ersten Speedtrial versuchen! 12 Drinks, die es innerhalb von 7 Minuten oder weniger vollständig zu mixen galt, um eine Rush hour hinter der Bar zu simulieren. Macht nach Adam Riese genau 35 Sekunden pro Drink zum Flaschen raussuchen, mixen, shaken und servieren. Also wenn man da jetzt anfängt zu überlegen "Was war noch genau im Madras drin?" hat man schon verloren. Haben wir natürlich auch, denn wir hatten keine Ahnung.

Am Ende des Kurses sah das natürlich alles ganz anders aus! Ich konnte meine Rezepte "by heart" und ich war ein Maestro mit den Flaschen! Meinen schriftlichen Test bestand ich ohne Probleme und im Speedtrial unterbot ich sogar mit fünfeinhalb Minuten! And now i proudly introduce myself as B.Sc. and Bartender.

Alles super oder was?

06. Februar 2011

Heute ist Sonntag! Aber nicht irgendein Sonntag! Heute ist der größte inoffizielle Feiertag in den Vereinigten Staaten! Richtig, heute ist Superbowl! (Für alle, die nicht wissen was gemeint ist: Sowas wie die Fußballweltmeisterschafft der Amerikaner, also das Endspiel der National Football League)

Und zu diesem Anlass werden in den USA richtige Superbowl Parties geschmissen! Dann baut man einen Beamer auf, lädt alle seine Freunde ein und die laden wieder Freunde ein (und die wieder..) und am Schluss sitzen 100 Leute im Garten, die keine Sau kennt, 60% davon hübsche Mädchen ohne Plan von Football und 60%, die nur wegen dem Alkohol und dem BBQ gekommen sind. Was macht das? Richtig: 120% Spaß!

Ich war sogar noch einer, der persönlich von den Gastgebern eingeladen wurde und demnach nicht schlecht erstaunt, als ich die ersten 50 Gäste im Garten sah! Zum Hinsetzen war später überhaupt kein Platz mehr und brütend warm war's auch im Garten dank 30°C Außentemperatur Anfang Februar.

Als das Spiel dann vorbei war, sah der Garten aus wie Sau, die Gäste waren relativ angeheitert und ich hatte 125 $ gewonnen, weil wir alle aufs Endergebnis gewettet hatten. Wäre das Spiel nicht gewesen, hätten wir einfach ne riesige Gartenparty gefeiert. So genossen wir vor allem die neuen Werbeausstrahlungen, das BBQ, das gemütliche Zusammensein und die Halbzeitshow (Ihr hab doch nicht wirklich geglaubt, die Leute schauen sich das Spiel an).

Unterwegs in Yosemite – mit einem bekannten Gesicht

12. Februar 2011

Freitag war es endlich soweit! Ich hab meinen ersten Besuch aus Deutschland bekommen! Nach kurzem Überlegen hatte sich Andi dazu entschlossen, einen Flug zu buchen und zusammen mit uns den Sonnenstaat unsicher zu machen! Endlich mal wieder ein altbekanntes, fröhlich grinsendes Gesicht.

Zufälligerweise war dann am Freitagabend auch Party vom Surfclub angesetzt, was der neue Besucher natürlich nicht verpassen durfte! Da wurde er gleich mal in die Kunst des Bierpong und Flipcup eingeweiht (Naturtalent!) und der Abend war wieder mal unglaublich spät und lustig (keine Details!). Nur soviel – am nächsten Tag mussten wir uns echt überlegen, ob wir es nicht bereuen... denn:

Samstag früh ging es um 7 in der Früh (wieder in Worten: SIEBEN) los zum Yosemite National Park! Tobi übernahm glücklicherweise die Frühschicht und nach 4 Stunden Fahrt machten wir Zwischenstopp bei unserem Couchsurfing Host. (Für alle, die CS nicht kennen: Man sucht im Internet nach Fremden Menschen, bei denen man dann übernachtet – kurz gefasst.) Nach kurzem Hallo ging's dann los in den Park. Dann sah ich etwas, womit ich ja hier während meiner Zeit in California überhaupt nicht gerechnet hatte: Schnee! Da liegt wirklich Schnee rum! Das heißt jetzt aber nicht, dass es kalt wäre oder so. Nö, du läufst dann in Jeans und T-Shirt rum und überall liegt Schnee! An Wasserfällen und schneebedeckten Wiesen vorbei sind wir dann in Richtung Touricenter gefahren und haben uns für die 2 Tage Wanderrouten zusammenstellen lassen.

Danach ging's auch schon sofort rauf in die Berge! Mein dicker Kopf und ich mussten 1000 Höhenmeter rauf und auch wieder runter klettern. Oben wurden wir allerdings mit "amazingviews" belohnt, also hat sich das ganze doch wieder gelohnt! Die gigantischen Wasserfälle im Yosemite Park sind im Frühjahr besonders groß, weil da das ganze Gletscherwasser schmilzt und in Massen herunterläuft. Als es dann dunkel wurde, machten wir uns wieder auf in Richtung Unterkunft für die Nacht. Von unserem Host Heather wurden wir mit einem großen BBQ empfangen und durften uns erstmal stärken! Stark mussten wir auch sein, für das was danach kam: Nachbarn! Heather hatte noch 3 Nachbarn eingeladen, einer durchgeknallter als der andere! Ein illegal residierender Australier, der in einer Anti-Drogen Kampagne echt Überzeugungskraft hätte, eine Stylistin, der man durch die Augen direkt innen auf den Hinterkopf schauen konnte und ihr Freund mit Truck (das sagt alles...). Aber einer der lustigsten Abende meines Lebens war es auf jeden Fall. Wir blieben doch länger als geplant auf und es gab sogar noch leckeren Kuchen!

Am nächsten Morgen ging's dann früh um 8 wieder los in den Park und die nächste Tour führte uns auf den Badger Pass, ein Skigebiet im Park. Dort führte uns Ranger Dick auf Schneeschuhen durch den Wald und auf die Berge rauf! Wahnsinnig spaßige Aktion auch hier wieder. Und von oben hatte man einen atemberaubenden Ausblick auf die angrenzenden Gebirge!

Danach ging's noch mal einen zweiten Berg rauf in Richtung Wasserfall. Die Amerikaner stört es auch nicht, wenn die Wanderwege zwischendurch mal zugeschüttet, vereist oder einfach nur saugefährlich sind. Gehört ja alles zum free Spirit dazu! So wanderten, kletterten und kraxelten wir nach oben, verliefen uns mal im hüfthohen Schnee und erklärten irgendwann den Sieg über den Berg! (Amerikanische Ausdrucksform für "Es reicht, wir gehen nach Hause"). Nach 4 Stunden Autofahrt brachte ich die Truppe dann nach Hause und wir hatten uns alle eine kräftige Portion Schlaf verdient!

Happy Birthday to me!
15. Februar 2011

Dienstag war noch mal Andi-Touri-Tag angesetzt. Wir fuhren nach Treasure Island, um von der SF-Skyline Bilder zu machen und dann rauf auf die Berge über der Golden Gate Bridge, um hier nochmal den super Ausblick zu genießen. Das Wetter war leider ausnahmsweise nicht so toll, California hat irgendwie einen Fehler gehabt. Aber von ein bisschen Wind und Wetter lassen wir uns natürlich nicht unterkriegen und so bekamen wir, was wir wollten! Danach ging's weiter in Richtung Norden und die Muir Woods waren wieder mal an der Reihe! Diesmal aber nur die verkürzte Version, da wir nicht so viel Zeit hatten. Zum Abschluss der Touri-Tour fuhren wir noch nach Petaluma ins Outlet, wo ich zunächst eine schwere Zeit hatte und mir ein langes Gesicht ansehen durfte, als selbst der Levis Outlet-Laden uns mitteilte: "Tut mir leid, aber 32-36 führen wir hier gar nicht!" Ging dann aber doch noch gut aus, als der Große den T-Shirt Laden entdeckte und letztendlich überglücklich mit 5 T-Shirts und einer neuen Hose oder so nach Hause ging!

Abends feierten wir dann ein bisschen in meinen Geburtstag rein! Andi hatte eine tolle Ladung Geschenke aus Deutschland mitgebracht (Danke an euch, hab mich sehr gefreut) und ich hatte ein paar Leutchen eingeladen. Bei einem leckeren Cuba Libre (mit echtem Havana Rum, aus Deutschland eingeschmuggelt) und ein paar Bier für die Luschen und Amerikaner ging's dann in die Nacht hinein. Allerdings wieder nicht zu lange, da mit Andi schon der nächste Trip für den Morgen angesetzt war.

On the road again

17. Februar 2011

Wir sind wieder unterwegs! Gleiche Strecke, andere Truppe! Zusammen mit Andi und Tobi ging es los auf den Highway 1 Richtung Süden! Diesmal ein bisschen abgewandelte Form unseres sagenhaften Thanksgiving Roadtrips (3 Städte, 5 Tage, 1200 Meilen).

Erstes größeres Zwischenziel der Reise waren wieder die Traumstrände entlang des Highway 1 im Big Sur National Park. Wir suchten uns diesmal diejenigen heraus, die wir letztes Mal verpasst hatten. Und wir hatten was verpasst! Über die Straße durch einen gefährlichen Fluss kommt man zum Julia Pfeiffer State Beach. Bekannt für seinen lilafarbenen Sand, schön wegen der unglaublichen Küstenform und des weichen Sandes. Leider haben wir dort nicht nur die schöne Stimmung eingefangen, sondern haben es irgendwie geschafft in kleine Kleckse Rohöl rein zu treten (Damn you BP!) Als selbst das Kratzen mit Steinen nichts mehr gebracht hatte vertagten wir den Waschgang auf später. Dann gab es auch noch Stau auf dem Highway 1, da zwei Autos ineinander gekracht waren und damit die schmale Küstenstraße dicht war. Aber nach einer Stunde oder so lief wieder flüssig weiter. Wir übernachteten im Hotel südlich vom Big Sur und tranken dort noch ein letztes Geburtstagsbierchen.

Am nächsten Tag mussten wir nochmal ein paar Meilen zurück, um bei unseren alten Freunden den Sealions vorbei zu schauen. Wie hatten ja die Weibchen an Thanksgiving gesehen, das Männchen im Point Reyes Park. Diesmal waren sie alle vereint, inklusive Nachwuchs! War schon ein tolles Spektakel, die großen Familien zu betrachten und die Kleinen schreien zu hören!

Weiter südlich stoppten wir diesmal in Santa Barbara. Dort mussten wir erstmal am wunderschönen Strand entlang laufen (man kann es einfach nicht oft genug machen) und anschließend schauten wir uns das Universitätsgelände der UCSB an. Ganz ehrlich Leute? Irgendwas mach ich falsch! Habt ihr euch schon mal Gedanken darüber gemacht, dass man an einer Uni mit eigenem Strandabschnitt studieren kann? Da wachsen Palmen! P.A.L.M.E.N! Kein Wunder dass die ganzen Studenten dort gelassen mit ihren Skateboards oder Cruiser Fahrrädern übers Campusgelände fahren!

Zweites Etappenziel vor L.A. war noch Malibu! Auch wieder eine wunderschöne kleine Stadt am Meer. Das Beste ist einfach: Man parkt rechts vom Highway, geht runter zum Strand und schaut den Surfern bei der Arbeit zu! Einfach total relaxed! Danach ging's weiter nach Santa Monica und von da aus bekamen wir den Tip des Abends von unserem Couch Host dort. Wir besuchten einen Irish Pub, der ca. 100 verschiedene Scotches (eigentlich waren es 250 – danke Andi) servierte und waren zum kostenlosen Scotch Tasting eingeladen. Ein lustiger Ire erzählte uns dann die Geschichte der verschiedenen Inseln und Gebiete und ihres Schnapses! Dann durften wir noch 4 Sorten Scotch durchprobieren und schließlich ging's nach Hause zu unserem Host. Diesmal hatten wir das Vergnügen mit einer 40jährigen alleine lebenden Chinesin, die es sich zur Pflicht gemacht hatte, sämtliche Veranstaltungshinweise der Großstadt L.A. nach den Wörtern "freefood" und "free ticket" durch zu forsten! Bei der Ankunft erklärte sie uns sofort, was wir alles machen könnten! Eigentlich super nett – wenn das Ganze nicht eine Stunde gedauert hätte und wir sie nicht irgendwann abwürgen hätten müssen, um schlafen zu dürfen! Aber war wieder mal lustig.

… to be continued!

Still on the road

18. Februar 2011

Nach einer erholsamen Nacht im Haus der Chinesin musste ich früh feststellen, dass der Zeckenbiss, den ich mir zwei Tage zuvor im Big Sur eingefangen hatte nun doch erheblich rot und dick geworden war. Also half alles wenn und aber nichts und ich musste doch die Urlaubszeit dazu nutzen, mich mal intensiver mit dem Amerikanischen Krankensystem zu befassen. Los ging's im ersten Medical Center, welches aber leider nur für stationäre Behandlungen war. Die schickten uns aber zum Urgent Care Center nur ein paar Blocks weiter, wo ich sofort freundlich aufgenommen wurde: „Haben sie eine Versicherungskarte? Nein? Wollen Sie bar zahlen oder mit Kreditkarte? Die günstigste Behandlung beginnt ab 69 $!" Nachdem ich vermessen und gewogen wurde, durfte ich mich dann ins Behandlungszimmer setzen, kurz mit Dr. Miguel plaudern, der mir dann Antibiotika verschrieben hat und dann ging es auch schon wieder ans Bezahlen: Schnäppchen! Behandlung für 69 $! Das habe ich mir teurer vorgestellt.

Danach ging's wie geplant erstmal ab nach Hollywood. Allerdings haben wir uns schon gewundert, warum dort überall Bühnen aufgebaut wurden und viel abgesperrt war…(war ja wieder klar dass ich nicht mitbekomm wenn Oscars sind…) Naja egal, war letztes Mal auch nicht so der Burner! Toller war noch einen Hügel rauf zu fahren und diesmal etwas näher am Hollywood Sign zu sein. Noch schnell das obligatorische Foto gemacht und dann locker durch Beverly Hills gefahren! Ich weiß nicht genau, warum wir uns ein Wohngebiet mit besonders hohen Hecken angeschaut haben, aber irgendwas sagte mir wir waren doch richtig. Naja zur Not kann man sich hier immer noch Karten kaufen, auf denen die Häuser der Stars eingezeichnet sind, um sich dann auch die berühmtesten Hecken anzusehen!

Den Rest des Tages gelang es dem dauerhaft schlecht gemeldeten Wetter ein einziges Mal uns ein zu holen, also verbrachten wir die Zeit mit Shopping (ganz zu Andis Wohlgefallen). Abends gingen wir noch auf eine Fotographieveranstaltung, weil... warum eigentlich? Ach ja, weil unsere China Hostess „free food" gelesen hatte. Naja das Essen war nicht schlecht und ach ja, hatte ich erwähnt, dass es „free" war?

Am nächsten Tag schlenderten wir wieder am Venice Beach entlang und gaben uns die Freakshow! Dieses Mal allerdings noch etwas interessanter. Bei einer Live Show von Straßenkünstlern, die über Leute springen konnten, wurde ich als „Freiwilliger" vorgetreten und durfte mich todesmutig mit in die Reihe der Übersprungenen stellen. Als es dann hieß „There's a black man running – with no police behind him!" und der Typ im Affenzahn angerannt kam, half nur noch beten und stillhalten. Aber ging alles gut und der Kollege erntete den verdienten Applaus.

Danach ging es weiter Richtung Süden auf dem Highway 1 und in der Abenddämmerung erreichten wir San Diego. Nach dem Sonnenuntergang auf dem Aussichtsberg über der Stadt fuhren wir dann zu meiner Oma, wo wir mit Sauerkraut und einer Nintendo Wii empfangen wurden.

Der erste Tag in San Diego ging komplett für Sightseeing drauf. Von Old Town, einer wieder aufgebauten Cowboy Stadt, wo SD seine Anfänge nahm, ging es durch den Mission Bay Park und nach Coronado, der schönen kleinen Halbinsel vor San Diego. Abends in Pacific Beach noch den Sonnenuntergang genossen und im Basecamp wieder mit leckerem Essen empfangen worden.

Für den zweiten Tag hatten wir uns Surfen vorgenommen! Für 25 $ den halben Tag Board und Wetsuits, das wollten wir auch nutzen! Also noch schnell die heutige Aufstellung im Kader fotografiert und dann ab in die Wellen! Diese waren auch echt großzügig und auch der Andi wurde von der ersten gleich mitgerissen! Nach knapp zwei Stunden allerdings waren unsere Reserven verbraucht, die Körpertemperatur abgesunken und die Batterie einfach leer. Also nichts mit halber Tag... wir bezahlten unsere 24 $ für zwei Stunden und suchten geschlagen das Weite! Dann ging es noch über den UCSD Campus und nach La Jolla (kurzes Nickerchen im Park – Kräfte sammeln!) wo wir bis zum Sonnenuntergang blieben. Dann noch ein letztes großes Abendmahl bei Oma und am nächsten Tag wieder zurück nach Berkeley! (Dass wir wieder zwei Stunden in L.A. verbringen mussten erwähne ich hier lieber mal nicht... blöde Stadt!) Insgesamt sind diese Roadtrips doch recht anstrengend... aber verdammt lustig.

Kurz angesurft – dann Aufstand

05. März 2011

Dieses Wochenende war mal wieder ein Campingtrip vom Surfing Club at Berkeley geplant. Gleiches geniales Rezept wie beim letzten Mal: Man nehme ein paar geile Typen, hübsche Mädels, Sonne, Surfboards und ab geht's nach Santa Cruz!

Am Start war wie immer der alte Schwede und drinnen saßen Tobi, Konstantin, Francisco und ich! Wir fuhren früh nach Santa Cruz und holten uns im Surfshop unsere Boards! Dann gings ab nach "Pleasure Point" (ja genau was ihr schon wieder denkt) und dort ab in die Wellen! Auch wenn die Tide diesmal etwas ungünstig war und die Wellen nicht so hoch waren, war die ganze Aktion mehr als erfolgreich. Diesmal hab ich es doch glatt geschafft, richtig zu surfen! Also Welle erwischen, aufstehen – stehen bleiben – und surfen! Das hat sogar dem Otter gefallen, der um uns herum seine Kreise gezogen hatte und er hat applaudiert!

Als die Wellen an dem Strandabschnitt ausgesurft waren, beschlossen wir nochmal zu einem anderen Strand zu fahren. Cool und lässig, wie wir inzwischen sind, haben wir also unsere Wetsuits bisschen runter gekrempelt und haben uns in kompletter Montur wieder ins Auto gesetzt. Nur Schuhe hab ich noch angezogen zum Autofahren…

Die schlechte Nachricht war allerdings, dass aufgrund eines Sturmes der nachts kommen sollte, unser Campground gecancelt wurde. Wir mussten also abends wieder nach Berkeley zurück fahren.

Etwas schade um das Camping, was wiederum unübertroffen geworden wäre, aber dennoch ein überaus spaßiger und vor allem erfolgreicher Tag! Surf up!

My favorite Holidays!

12. März 2011

Was man natürlich unbedingt mitnehmen muss in einem fremden Land sind deren Gebräuche, Traditionen und natürlich auch die Feiertage! Neben Halloween und Thanksgiving stand diesen Samstag die große Parade zum St. Patrick's Day auf dem Plan! Der Feiertag ist eigentlich erst am Donnerstag, aber da man sich Donnerstag nicht einfach den ganzen Tag betrinken kann, wurde das ganze Spektakel eben ein paar Tage nach vorne verschoben. Ursprünglich ist St. Patrick's Day auch ein rein irischer Feiertag und wird deshalb total im Zeichen der Farbe Grün gefeiert. Dazu gehören auch Kobolde, Kleeblätter und natürlich Guinness Bier.

Los ging's also Samstagvormittag in der City mit der großen Parade! Die Amis haben sich da auch echt Mühe gegeben, das muss man ihnen zu gute halten! Aber wer schon mal auf einem deutschen Faschingsumzug war und dort getrunken, gefeiert und Süßigkeiten zugeworfen bekommen hat, der wundert sich warum nur so wenige Leute verkleidet sind und warum die meisten Wagen völlig ohne Musik und Thema anrollen.

Nichts desto Trotz waren natürlich wieder völlig schräge Vögel dabei, lustige Musiker und auch für die Kleinen war durch die Süßigkeiten was geboten! Wären nicht diese zuckergeilen Asiaten vor uns gewesen, die sich zu fünft auf jeden Lutscher gestürzt hätten, der auf der Straße lag. Das gemeinste war allerdings, dass diese Leute sich vor die Kinder gedrängt haben und denen alles vor den kleinen Nasen wegschnappen wollten! Schlimm, sag ich euch! Ekelhaft!

Jedenfalls ging's nach der Parade dann ab zum Civic Center, wo im Park so ein kleines Volksfest aufgebaut wurde. Und diesmal (ihr glaubt es nicht) gab es... festhalten... gleich kommt's... ich kann's kaum aushalten….. Bier im Freien! Boa, jetzt isses raus! Für deutsche Verhältnisse zwar etwas lächerlich, da man Bier nur im abgezäunten Areal kaufen und trinken konnte und dort natürlich ID kontrolliert wurde, aaaaaber immerhin! Gut, alle Minderjährigen brachten sich eh ihr eigenes Bier und ihren Schnaps mit, also waren alle glücklich und zufrieden! Was so ein bisschen europäischer Kultureinfluss doch bewirken kann! Zum Schluss ging's noch in den AT&T Park, um sich ein schönes Baseball-spiel anzusehen! Muss ich natürlich auch mal erlebt haben, wenn ich schon 9 Monate hier lebe. Glücklicherweise konnten wir sämtliche Vorurteile auch gleich in einem Besuch abhacken, inklusive der laut brüllenden Mutter, die hinter uns saß und ständig ihr Team anfeuerte mit Parolen wie "Come ooon, you're the spark! Ignite the fire!", kurz nachdem der Kollege gerade verworfen hatte. Gehört halt alles dazu zum Sport in den USA! Naja, dass Baseball jetzt nicht der spannendste Sport ist, muss ich glaub ich nicht extra betonen! Es bewegt sich immer nur einer oder zwei Leute auf dem Feld und der Rest dreht Däumchen! Aber für die amerikanische Sporterfahrung (im Stadion essen und brüllen) reicht das alle mal!

Skiiiiiii-Foahrn!

13. März 2011

Das hätt ich ja im Leben nicht mehr gedacht, dass ich hier die tausenden von Meilen ins Land der Sonne flieg und dann das tue, worauf ich schon in Deutschland lange verzichtet habe… Mit diesem wahnsinnig kaltem, weißen Wasserzeugs und den zwei Stecken! Genau, die Rede ist von Eiskunstlauf! Ne, Spaß, Skifahren ist natürlich gemeint!

Jedenfalls hat es Tobi Tobster doch irgendwie geschafft, mich zu überreden und so ging es am Sonntag um 4 Uhr früh (in Worten: VIER!!!) raus aus dem Bett! Da wir uns irgendwie nicht auf Sommer oder Winterzeit einigen konnten und uns verwirrt nachts in Tobis Zimmer begegneten, schliefen wir dann doch noch ne Stunde und so ging es kurze Zeit später um 4 Uhr früh (in Worten: immer noch VIER!!!) wieder raus aus den Federn, rein in den Volvo und dann fuhren wir 4 Stunden lang Richtung Nordosten zum Lake Tahoe. Dieser liegt an der Grenze von California und Nevada und hat eigentlich fast ganzjährig Schnee und ist kalt. Mit meinem super Sparticket bekam ich dann für 45 $ den Tagespass für die Lifte und ne komplette Skiausrüstung gestellt. Konnte ja nix mehr schief gehen?

Neeee, Tobi sorgt schon dafür, dass es mir nicht langweilig wird! "Lass uns mal die Double-Diamond Piste fahren und die zwei dutzend Hinweisschilder ignorieren: „Professionals only", „Caution – dangerous" und nach meiner freien Übersetzung „Drive here and you die"! Als ich dann die Piste gesehen hatte, entschied ich mich dazu gaaaanz langsam und seitlich den Berg an der Steigung einfach runter zu rutschen und es gar nicht erst zur Fahrt kommen zu lassen! War im Nachhinein auch nicht die schlechteste Idee, da ich zumindest nicht derjenige war (ganz im Gegensatz zum Tobi), der seinen Ski aus einem 2 Meter hohen

Schneehaufen wieder raus operieren musste, ohne dabei selbst seine eigene Körpergröße im Schnee versinken zu lassen! Naja, nachdem wir unsere Ski dann noch 200 Meter einen Berg raufgetragen hatten, waren wir auch wieder auf der richtigen Piste!

Abends war dann endgültig Endstation, sowohl kräftemäßig als auch zeitlich. Es waren ja wieder vier Stunden Heimfahrt eingeplant (die sich dank Sacramento noch ein bisschen gezogen haben) und dann war endlich Erholung angesagt! Alles in allem aber wieder sau viel Spaß erlebt und einen kleinen Skiurlaub mitgemacht!

Exploratorium – wo Entdecker entdecken
19. März 2011

Zwischen Skifahren und dem nächsten Besuch aus Deutschland musste dieses Wochenende mal etwas ruhiger angegangen werden! Sonntag also nicht wirklich was gemacht und Samstag wieder mal in die City gefahren! Da das Wetter eh nicht so dolle war, wollten wir uns noch ein Schmankerl gönnen, das wir uns aufgehoben hatten: Das Exploratorium in San Francisco – ein Museum für Kinder (und solche, die es immer bleiben!).

Auf einer riesigen Ausstellungsfläche wussten wir also zunächst nicht genau, was uns da erwartet. Die ersten Exponate waren auch nicht sehr hilfreich, sich einen Überblick über die Situation zu verschaffen. Dann allerdings das erste Spielobjekt und wir waren dabei! Mit einer Kamera und einer Lichtschranke konnte man Bilder von herunter fallenden Tropfen erstellen, also von Wassertropfen, die in eine Schüssel fallen. Und wenn man seinen Kopf hinter die Glasscheibe gehalten hat, war sogar noch ein blödes Gesicht mit auf dem tollen Bild und jeder in der Ausstellung konnte es auf dem Bildschirm sehen. Also nur theoretisch…. nicht, dass das jetzt jemand wirklich gemacht hätte oder so…

Das ganze "Hands-on" Museum bot eine riesige Vielfalt an Themengebieten von Physik, Biologie, Chemie und die restlichen "Naturwissenschaften" bis hin zu Psychologie. Man musste seinen eigenen Ekel schon mal richtig spüren, durfte man doch aus einem Wasserspender trinken, der in eine Toilette eingebaut war. Eigentlich eine saubere Sache, wäre da nicht die Kloschüsselform, die einen irgendwie stutzig macht! Die Kinder hatten damit weniger Probleme.

Außerdem durfte man seinen Kopf in alle möglichen Röhren stecken, mit Computern reden, sich am Telefon Witze erzählen lassen, sich mit grellen Lichtblitzen blenden lassen… kurzum: Alles was Spaß macht.

Jemand ze Hage in de USA?

23. März 2011

Und schon wieder ist Besuch aus Deutschland angekommen! Diesmal haben es Markus und Miri über den großen Teich geschafft, um ein paar schöne Tage im sonnigen California zu verbringen! Ich empfing also meine Gäste mit offenen Armen am Flughafen – wenn mein toller Staat das nur auch so gemacht hätte! Pünktlich zur Ankunft der Deutschen im Sonnenstaat begann es erstmal ordentlich zu regnen! Gerade, als ich schon Angst hatte es würde Beschwerden bei der Reiseleitung geben, schlug das Wetter dann allerdings um und es hagelte ab sofort wieder Sonnenbrände! So muss das sein.

Die ersten Tage verbrachten wir in der City mit dem typischen Touri-Programm! Ein paar Touren durch SF, ein paar Bronzestatuen im Park für Fotos missbraucht… ganz traditionell eben! Das große „DO NOT TOUCH" Schild haben wir leider erst bemerkt, als wir schon auf den Kindern rumgeklettert waren und ihnen Finger in die Ohren gesteckt hatten. Aber wir werden es wohl so schnell nicht wieder tun. Äh, versprochen.

Miri hat dann genervt und wurde zu ihrer Tante abgeschoben, also hatten Markus und ich Zeit für die wirklich wichtigen Dinge im Leben: SURFEN! Wir fuhren dazu nach Pacifica (südlich von SF) und holten uns Equipment und Motivation! Motiviert war er, der Markus! Mit großem Selbstvertrauen ging er ans Werk! Und kam immerhin erst ganze 2 Stunden später wie ein begossener Pudel wieder aus den Wellen gekrochen (Was für ein vorher-nachher Vergleich!). Wird als voller Erfolg verbucht fürs erste Mal! Weiterhin betätigten wir uns noch kreativ und fotografierten die schönsten Stellen der Stadt (natürlich inklusive Golden Gate bei Tag und Nacht).

Nach ein paar Tagen durfte Miri dann wieder zu uns stoßen und auch Susi fand den weiten Weg nach Berkeley! Zusammen verbrachten wir noch ein paar Tage hier in der Bay (wieder Sightseeing, noch mehr Golden Gate Bridge…) und genossen die Sonne. Wir sammelten Kraft für den bevorstehenden Roadtrip. Diesmal hatten wir etwas ganz ausgefallenes geplant! Einen Roadtrip nach Los Angeles und San Diego – diesmal mit Stop in Las Vegas!

Das Wetter spielte auch wieder schön brav kalifornisch, die Stimmung war top und Tobi hielt mich inzwischen für völlig behindert! Im eingespielten Comedy-Team aus Deutschland hatte mich mein armer Mitbewohner wohl doch noch nicht erlebt und so durfte Tobi völlig neue Facetten an mir entdecken. Von der grammatikalischen Verkommung meiner Sprache bis hin zum Gelächter von früh morgens bis nachts hielten wir das Haus auf Trab! Denn beim Spaß – machen wir ernst.

On the road... again and again!

02. April 2011

Mit neuem Besuch steht natürlich auch wieder ein neuer Roadtrip an. Um meinen Gästen das Schönste von CAL zu zeigen, fuhren wir auch dieses mal wieder Richtung Süden. Beginn der Reise war das schöne Küstenstädtchen Monterey. Hier lernten die Gäste gleich mal die wichtige Küstenregel: Jede 5. Welle kommt weiter rein und du musst rennen! Hat wieder nix genützt, nass wurden wir trotzdem ein bisschen. War aber gleich ein schöner Einstand für den Roadtrip!

Leider war der Highway 1 wegen eines Rockslides zwischendrin komplett gesperrt, also mussten wir teilweise eine andere Route nehmen. Nun ist das aber bei einer Küstenstraße, die hunderte Meilen nur gerade aus ohne Abzweigungen geht, nicht immer einfach. Die Alternativroute führte uns quer über einen Pass und war anscheinend nicht dafür gebaut, schnell von A nach B zu kommen. Selbst die Strecke auf dem Navi-Display schien sich verknotet zu haben. Wir hatten natürlich trotzdem unseren Spaß, wohl auch gerade wegen der vielen Kurven: "AAAhhhhhh – ROADTRIP!".

Auch unseren Freunden, den E-Seals, statteten wir einen Besuch ab. Falls ihr euch noch erinnern könnt, bei den vorherigen Roadtrips hatten wir immer mal nach dem rechten gesehen und die Geburt der kleinen Seal-Babies mitbekommen. Seit her sind die kleinen auch ordentlich gewachsen, haben angefangen zu furzen und sich in altbekannter Manier mit ihren lustigen Fingern am Kopf zu kratzen! War also alles in Ordnung und wir konnten unsere Reise nach der Übernachtung im Hotel wieder aufnehmen.

Der zweite Teil stand unter dem Motto "Surfin' USA" und führte uns durch Santa Barbara, Malibu und runter nach Los Angeles mit der Standard Touri-Attraktion Santa Monica. Ach ja, beim Anblick der Delphine hätten wir Miri fast verloren – oder besser gesagt ihren Verstand zusammen mit der Grammatik: "Daa… Dahaaa… De-De-Dephine!!!".

Die Übernachtung war dieses mal aber erheblich lustiger als beim letzten Mal! Unser Couchsurfing-Host Martin (ein ca. 150 kg schwerer, schwarzer Kloß) war eigentlich schon im Bett, zeigte uns aber doch noch auf herzlich kalifornische Art sein Heim und bereitete uns unser Nachtlager. Dann fiel uns sofort auf: „OH, Martin sammelt Uhren, tick, tick, tack, tick, tuck, tick….". Gar nicht so einfach, sich bei vier oder fünf verschiedenen Takten aufs Schlafen zu konzentrieren! Gott sei Dank, dass niemand schnarch…. Verdammt! Martin und Markus lieferten sich ein nächtliches Sägeduell (1:0 für Martin wegen des größeren Klangkörpers), während Susi und ich uns nicht mehr beherrschen konnten und lauthals in Gelächter verfielen. Irgendwann lachten wir uns dann in den Schlaf.

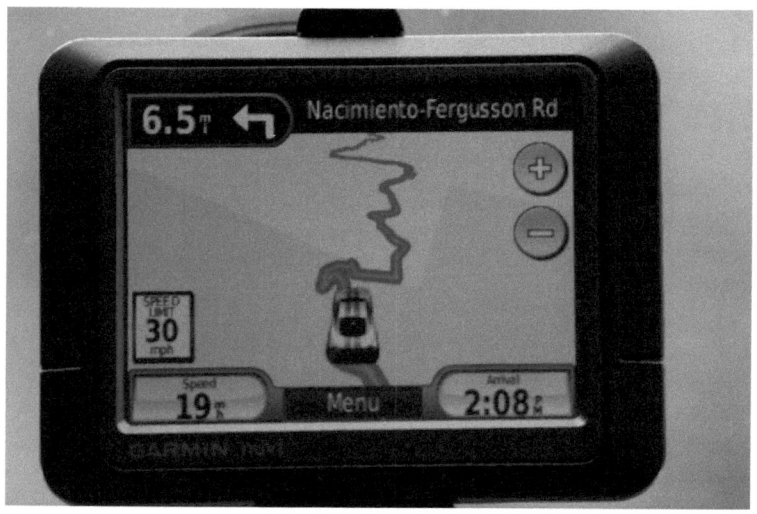

Alles ist bunt, laut und blinkt!

03. April 2011

Nach der erholsamen Nacht bei Martin, dem Uhrensammler, ging's am nächsten Tag ab in die Wüste. Von L.A. aus fährt man 5 Stunden nach Osten und sieht erstmal – nicht viel. Da es in der Wüste so trocken ist, wächst dort außer einem endlosem Highway eigentlich recht wenig, sieht man mal von den Shopping Outlets in Nevada ab, die dort trotz unerträglicher Hitze aber durch die fehlende Mehrwertsteuer (im zu California angrenzenden Bundesstaat) geradezu florieren. Jedenfalls war es eine der langweiligsten Fahrten, nein – DIE langweiligste Fahrt in den USA bisher und wir konnten uns nur durch Mühe und Not mit kleinen Autospielchen wach halten.

Dann irgendwann kommt der Moment, wo sich hinter der 87. Sanddüne (es könnte auch die 88. gewesen sein…) irgendwann die Stadt Las Vegas aus dem Nichts erhebt! Die gleißend helle Sonne spiegelt sich in den auf Hochglanz polierten Fensterflächen der unzähligen Hotels und man fragt sich wirklich, wie jemand auf die Idee kommen konnte, gerade hier im Nirgendwo eine Großstadt zu bauen… Ich stelle mir das so vor: „Ey du, brauchst du die Wüste da? – Nö, kannst haben. OK, ich wollt da schon immer mal ne Stadt haben."

Jedenfalls sind wir dann gleich ins Luxor gefahren, haben eingecheckt und uns erstmal urlaubsmäßig an den Pool gelegt! Das Beste an unserem Hotel war allerdings die Architektur. Von außen ist das Luxor komplett einer Pyramide nachempfunden und im ägyptischen Stil gebaut. Kleiner, aber netter Nebeneffekt: Die Pyramide ist innen drin hohl, alle Zimmer befinden sich in der Außenwand des Hotels. Die Aufzüge fahren nicht gerade, sondern schräg nach oben, was einem schlagartig klar wird, wenn man beim Anfahren oder Bremsen des Aufzuges einen Schritt zur Seite macht.

Anschließend ging's auf den sogenannten Strip, also den Las Vegas Boulevard South, die berühmteste Straße in Las Vegas, auf der all die großen Hotels zu finden sind, deren Namen man schon mal irgendwo gehört hat: Das MGM Grand, das Bellagio, das Caesar's Palace und so weiter und so fort. Leider hatten noch 3 Millionen andere Menschen die Idee, den überall bunt blinkenden Lichtern und der lauten Geräuschkulisse zu folgen und so fühlten wir uns ein wenig desorientiert. Zur Beruhigung suchten Markus und ich erst einmal das Hard Rock Cafe auf und gönnten uns einen Tee. Einen Spezialtee, ich glaube aus Long Island war der importiert. Jedenfalls half der, die Nerven zu beruhigen und so gingen wir heiter und gelassen weiter zum Belagio, um uns die berühmte Brunnenshow mit Musik von Frank Sinatra anzuschauen. Für das Glücksspiel nahmen wir uns nicht wirklich Zeit, die obligatorischen Dollars wurden in diversen Slot-Maschinen verspielt – jedoch ohne den großen Gewinn.

Um den Abend abzuschließen, wollten wir schnell ins Hotel zurück und uns umziehen. Leider hatten weder die Architekten der Hotels noch die Erbauer der Stadt an sich die Idee, Menschen "schnell" von A nach B zu bringen. Ihnen gefiel besser, uns erst einmal durch alle Casinos zu leiten um uns anschließend noch über die Hauptstraße zum nächsten Taxistand laufen zu lassen. Eine Stunde später und 15 $ leichter waren wir also wieder im Hotel angekommen und konnten uns für den zweiten Teil des Abends vorbereiten: die Coyote Ugly Bar, bekannt aus dem gleichnamigen Film. Dort verbrachten wir auch den Rest der Nacht und den Anfang vom nächsten Tag, erlaubten uns den ein oder anderen Spaß und kamen dann um 5 Uhr früh völlig erledigt, aber nach einer erfolgreichen Nacht wieder ins Hotel zurück.

Den nächsten Tag starteten wir dann gleich mal mit einem Anti-Kater-Programm: Die hoteleigene Körperweltenausstellung mit persönlicher „Anatomie 101" Führung von unserer Frau Dr. Miriam. Anschließend beendeten wir unseren Hotelrundgang in der Spielstadt und die Mädels genossen danach noch etwas das Shoppingparadies. Markus und ich legten uns wohl verdient an den Pool und unterhielten uns etwas mit netten Amerikaner(inne)n. Um 4 pm war es dann soweit, wir packten unsere sieben Sachen in den Schweden und verließen Sin City Richtung San Diego – genauer gesagt Richtung Oma.

Endspurt – San Diego und Los Angeles

08. April 2011

In San Diego logierten wir wieder im preisgekrönten Hotel Omma. Mit zwei Gästezimmern und Vollstpension wie immer ein Vergnügen.

Down in SD haben wir nur schnell das Touri-Programm abgespult. Angefangen am Traumstrand von Coronado schnell ein paar Beachfotos gemacht und ein bisschen im Sand gespielt. Danach einen kurzen Abstecher in Old Town eingelegt, der alten mexikanischen Einwandererstadt. Da ich Markus inzwischen zum Nachwuchsfotografen ausgebildet hatte und Susi die beste Touristenführerin darstellte, hieß das für mich mal etwas entspannen und zurücklehnen. Eigentlich wollten Markus und ich noch einmal Surfen gehen in Pacific Beach, doch leider machte uns das Wetter da einen Strich durch die Rechnung. Stattdessen verließen wir San Diego und machten uns an der Küste entlang wieder Richtung Norden auf – zurück nach Long Beach zu Martin.

Der Tag in Los Angeles begann wieder sonnig und wir machten uns auf zum Venice Beach. Ja, auch in L.A. wurde das Touri- Programm durchgezogen, ich glaub inzwischen zum dritten Mal. Im nächsten Leben werde ich Reiseführer! Jedenfalls haben wir in Venice wieder mal die typischen Gestalten getroffen: Die Jungs mit ihren Werbeschildern („The doctor is in da house"), die Kinners mit ihren Skateboards und diesmal auch den Guitar-Man, einen Typen, der mit Inlineskates und einer E-Gitarre am Strand entlang fährt und ein bisschen Musik zum Besten gibt.

Anschließend ging's natürlich noch nach Hollywood, wo die Parkplatzsituation wieder mal etwas zu wünschen übrig ließ. Aber nach 3 Runden um den Hollywood Blvd hatten wir dann ein schönes Plätzchen für den alten Schweden gefunden und machten uns ans Sightseeing.

Die Nacht war dann doch noch mal ein besonderes Highlight. Nachdem Martin die letzten Tage immer arbeiten musste, genoss er es Freitagabend so richtig lang aufbleiben zu können! Also saßen wir gemütlich zusammen und hörten uns... äh ja: Seine Gospelmusik an. Aber nicht in Zimmerlautstärke, sondern in Kirchenlautstärke – und zwar als ob wir mitten im Chor stehen würden. Nachbarn hat Martin scheinbar auch nicht (oder sie sind das schon gewohnt und leid, immer zu klopfen...) und so hatten wir Church-Disco bis früh um drei. In der Nacht mussten wir uns dann auch von Susi verabschieden, die ihren Rückflug direkt von L.A. aus gebucht hatte.

Die letzte Etappe führte Markus, Miri und mich nun zurück nach Berkeley. So hatte auch dieser anstrengende Roadtrip sein Ende gefunden. Auch die Besuchszeit von Markus und Miri war 3 Tage später zu Ende und die beiden kehrten zurück nach Deutschland. Für mich hieß das erstmal wieder 2 Wochen Entspannung, bis der nächste Besuch ins Haus stand!

Das Leben ist zu kurz für schlechten Wein!

17. April 2011

Nachdem Markus, Miri und Susi verschwunden waren, konnten wir uns wieder ein wenig entspannen und das Leben in vollen Zügen genießen! Und was genießen wir sonst noch gerne in vollen Zügen? Richtig, einen guten Wein!

Eine Stunde nördlich von San Francisco liegt das Sonoma Valley. Im Gegensatz zur City, wo praktisch ganzjährig Nebel herrscht, hat das Sonoma Valley die tolle Eigenschaft, dass dort den lieben langen Tag die Sonne scheint – immer. Und deshalb ist das Sonoma Valley auch so ein tolles Weinanbaugebiet und da kommen die guten kalifornischen Weine her.

Michelle hatte sich sehr großzügigerweise als Fahrerin bereit erklärt und so konnte es losgehen! Wir hatten ein paar Startschwierigkeiten auf der Suche nach dem Wein, weil wir nirgendwo Weinberge entdecken konnten. Irgendwann wurde uns dann allerdings klar: Weinberge sind eine rein nordeuropäische Erfindung. Denn wo genug Sonne scheint, braucht man keine Weinberge, das Zeug wächst auf der ebenen Fläche genau so gut!

Richtig im Valley angekommen ging's zu Anfang gleich in ein gutes Wineyard. Für 15 $ bekam man dort eine Tour im umfunktionierten Traktor mit anschließender Weinprobe. Wie gesagt, die Tour ging nicht durch Weinberge sondern nur durch Weinfelder, war aber ganz interessant. Wir wurden noch über den Rest vom Gelände geführt und danach durften wir vier Weine probieren, jeweils ein paar Schluck.

Winecount: 4

Das tolle daran war, dass bei dieser Führung gleich noch ein Gutschein für ein Winetasting beim Co-Unternehmen „Imagery winyard" dabei war, was natürlich gleich unser nächster Stop war. Hier war es wirklich schön, alle Flaschen dieser Marke hatten Kunstwerke auf dem Etikett. Die nette Dame an der Theke war äußerst zuvorkommend und Tobi und ich wollten mal die weißen Weine probieren. Wie gesagt, die nette Dame war sehr zuvorkommend... und großzügig. Kurze Zeit später hatten wir uns durch blumige Weine, Nussaromen und vollmundigen Geschmack getrunken und hatten alle Weißweine getestet.

Winecount: 11

Eigentlich wollten wir ja gehen, aber die nette, zuvorkommende, großzügige Dame überredete uns und wir mussten unbedingt noch diesen einen Roten probieren! Und natürlich den! Und den danach! Wir tranken uns also durch Himbeere, herzhaft, lieblich und mit Schokolade danach und hatten schließlich auch noch die rote Sparte der Karte erschöpft.

Winecount: 18

Durch die angenehme Außentemperatur von 25 Grad im Schatten und der Tatsache, dass wir seit 3 Stunden nichts anderes außer Wein getrunken hatten, spürten wir auch langsam die wohltuende Wirkung, vor allem in Zunge und Gehirn. Mein Dialekt wurde... sagen wir einheimischer und authentischer. Den letzten angebotenen Wein, einen süßen Muskat Dessertwein, musste ich alleine trinken, Tobi ließ mich hier leider im Stich.

Winecount: 19

Apropos Stich, jetzt machte sich auch bezahlt, dass Michelle das Fahren übernommen hatte. Tobi und mir machte die Sonne ganz schön zu schaffen und so beschlossen wir zum letzten Wineyard zu fahren. Dort gab es erstmal eine Olivenölverkostung als Grundlage und dann mussten wir wieder an die Bar. Wir probierten drei Weißweine und drei Rotweine kostenlos und dann gönnten wir uns zur Feier des Tages noch zwei Chocolate-Shots, ein starker Rotwein im Schokoladenbecher.

Final Winecount: 27

Insgesamt ein recht erfolgreicher und schöner Tag. Michelle brachte uns nach Hause und wir kochten noch alle zusammen Dinner. Zur Feier des Tages gab es abends dann auch – keinen Wein mehr!

Darf ich Mama zu dir sagen?

30. April 2011

Nach der kurzen Ruhepause wurde nun endgültig die Besuchersaison eingeläutet. Den Anfang machte meine Mama, die wirklich sehr lange darauf gewartet hatte, mich in den USA zu besuchen. Aber der endlich gewährte Urlaub wurde nun gut investiert und für zwei Wochen Kalifornien verwendet!

„Wir haben doch keine Zeit" hieß es da und so wurde nach einem straffen Zeitplan das komplette Programm durchgezogen! Ein paar Tage touristische Entdeckung San Franciscos auf eigene Verantwortung und danach übernahm ich wieder meinen Job als Touristenführer. Ein Tagesausflug ging nach Sonoma Valley, wo wir den Tag mit strahlendem Sonnenschein und diesmal ohne Wein verbrachten. Aber auch wenn man die Finger vom Wein lässt, bietet das Valley genug Genuss an Käse, Brot und Kunst.

Als nächstes war die Aussichtsplattform der Golden Gate Bridge Ziel unserer Reise. Wieder verwöhnt von der prallen Sonne chauffierte ich meine Mum und Paul, einen deutschen Arbeitskollegen aus dem Lab, den Berg hoch und präsentierte zum wiederholten Mal „Meine City von oben". Danach ging's nach Muir Woods zum kurzen Spaziergang und schließlich noch ab nach Point Reyes ans Meer. Wie ich diese Spaziergänge im kalten Wasser liebe, den weichen Sand zwischen den Füßen. Hier und da mal einen Seestern gefunden und brav wieder zurück ins Meer geworfen! (Liebe Seesterne, falls ihr lieber am Strand liegen bleibt, tut es mir hier an dieser Stelle leid und ich entschuldige mich für eure Flüge.)

Inzwischen waren auch Tobi und Jon wieder von ihrem Trip nach Canada zu Hause und hatten ein besonderes Gepäckstück mit gebracht: unseren Studienkollegen Lorenz. Dieser war auch das kalte, kanadische

Wetter satt und hatte beschlossen, die letzten 2 Monate seines Austausches bei uns im Golden State zu verbringen. Unser Haus wurde also wieder voller und voller.

Weiterhin folgte eine Tour Richtung Süden auf dem von mir so geliebten Highway One. Ich weiß nicht, wie oft ich jetzt hier lang gefahren bin, aber es wird einfach nicht langweilig. Und ich kann mich auch jedes Mal wieder an den kleinen Squirrels erfreuen, die Eichhörnchen, die hier wirklich überall herum springen.

Auf alles vorbereitet!

11. Mai 2011

An dieser Stelle möchte ich noch einmal auf die besondere geografische Lage von San Francisco und Berkeley eingehen. Es gehört schon einiges dazu, sich entweder aus lauter Dummheit oder aus lauter Liebe zur Bay Area genau auf eine, genauer gesagt zwei, Erdbebenfalten zu setzen. Die große San Andreas Verwerfung zieht sich auf Höhe der Halbinsel von San Francisco von Norden nach Süden herunter. Die etwas kleinere Hayward-Falte macht das gleiche Spielchen weiter östlich etwa auf der Höhe von Berkeley. Alles in allem also eine sehr wackelige Angelegenheit.

Dem Amerikaner in seiner freiheitsliebenden „Ich lasse mich von Nichts und Niemandem unterkriegen"-Natur allerdings scheint das egal zu sein. Ein paar Anpassungen an das Leben hier haben die Kalifornier aber doch vornehmen müssen:

Häuser werden hier prinzipiell möglichst billig und aus leichtem Holz gebaut, getreu dem Motto „Dann bauen wir es halt wieder auf". Es ist schon verwunderlich, wie der Amerikaner nach großen Katastrophen alles wieder hoch zieht. Hilfreich dabei ist allerdings, wenn man die Trümmerteile per Hand wegräumen und wieder festnageln kann.

Wenn schon größere Steinbauten, dann möglichst erdbebensicher. Die meisten Gebäude in SF sind inzwischen so gebaut, dass sie größeren Erdbeben standhalten sollten. Allerdings stehen immer noch viele Backsteingebäude herum, welche selbst bei leichten Beben einfach nur lebensgefährlich sind, da sie anfangen, unkontrolliert mit Steinen zu werfen.

Dritter Punkt: Vorbereitung! In California finden regelmäßig sog. Earthquake drills statt, welche die Bewohner auf einen Ernstfall vorbereiten sollen. Wenn die Erde dann wackelt, heißt es zunächst „duck and cover", also runter unter den Schreibtisch und sich vor herunterfallenden Gegenständen in Sicherheit bringen. Dann so schnell wie möglich raus aus dem Gebäude und auf die „Emergency Response Teams" hören.

Und da ich wie immer einer der Menschen sein möchte, die gut vorbereitet sind, hab ich mich gleich mal dazu entschlossen, Mitglied in so einem Team zu werden, bzw. mal die „Grundausbildung" zu machen! Dann hieß es Vorträge hören, die Schulbank drücken und lernen, wie man im Ernstfall zu reagieren hat, wie eine grobe Kommandostruktur erstellt wird oder wie man einschätzt, ob man Gebäude betreten sollte oder sich lieber gleich einen Stein auf den Kopf schlägt. Sehr interessant muss ich euch sagen und ich hoffe doch, dass ich dieses Wissen nie anwenden muss!

Was mir besonders Spaß bereitet hat, war die Erste Hilfe- und Rettungs-Ausbildung, die Teil des Programms war. Hier lernten wir, wie Verletzte kategorisiert, versorgt und transportiert werden. Großes Finale der Ausbildung war eine Großübung, in der das Gelernte nun umgesetzt werden konnte. Im Zuge der Übung wurden wir mit Verletzten konfrontiert und durften Adam, unseren Dummy, von der Treppe retten. Abschließend wurde ich noch geschminkt und zugerichtet um für eine andere Gruppe den Verletzten zu spielen.

Die geschminkte Verletzung sah so gut aus, dass ich damit noch 4 Arbeitskollegen, 2 Busfahrer und 3 Mitbewohner schocken konnte, ehe ich mich wieder gewaschen und abgeschminkt hatte. Herzrasen bei allen Beteiligten garantiert.

Der Anfang vom Ende

13. Mai 2011

Es konnte ja nur Freitag der 13. sein. Was für ein Unglückstag. Inzwischen waren wirklich 9 Monate vergangen, seit ich zum ersten Mal während dieser Reise Fuß auf amerikanischen Boden gesetzt hatte. Für mich bedeutet das, meine Arbeitszeit im Lab war nun offiziell vorbei und die Amerikaner gewähren mir, freundlich wie sie sind, noch einmal 30 Tage im Land, bevor sie mich, jetzt ohne Visum, mit einem „Get the hell out" verabschieden.

Inzwischen hatte es auch die gute Franzi über den Teich geschafft und mit meiner Mum zusammen die City unsicher gemacht. Während ich im Labor noch die letzten Aufzeichnung für meine Nachfolger anfertigte, Messergebnisse sammelte und meinen Bericht zum Abschluss brachte, war für meine Mutter die Urlaubszeit in SF auch vorbei gegangen. Ich brachte sie zum Flughafen und sie machte sich auf den Weg nach San Diego zur „Omma".

Zoran drehte inzwischen völlig durch vor lauter Besuch und steckte wieder mal in seiner kindischen „I hate you all, I will not talk to you any more"-Phase. Aber da meine Tage in Berkeley nun auch gezählt waren, ließ ich das alles gelassen auf mich zu kommen.

In Berkeley hab ich auch den Frozen Yoghurt für mich entdeckt. Irgendwie leckerer als Eis und dabei noch weniger gehaltvoll. Bin mal gespannt, wann sich dieses tolle Produkt auf dem deutschen Markt durchsetzt. Die Geschäftsidee ist auch toll: Man bekommt am Anfang einen leeren Becher und darf sich dann an Befüllstationen mit verschiedenen Geschmäckern bedienen, bis der Becher voll ist. Abgerechnet wird am Schluss nach Gewicht. Da kann es einem schon einmal leicht passieren, dass man mit 12 Unzen an der Kasse landet (umgerechnet ca. 400g), weil man ja alles einmal probieren wollte!Lecker wars!

Letzter Roadtrip – auf geht's

16. Mai 2011

Der letzte große Roadtrip beginnt heute! Die Planung hatte ich zu großen Teilen Tobi überlassen und habe mich mehr um die Übernach-
tungsmöglichkeiten auf dem Weg gekümmert. Trotzdem freute ich mich
natürlich auf den mir versprochenen Wüstenroadtrip durch Nevada,
Utah und Arizona!

Den alten Schweden schickten wir vorher noch einmal in die Werkstatt,
um ihn fit zu machen für seine letzte große Tour. Doch leider über-
brachte uns der Mechaniker die schlechte Nachricht, dass Bremsen,
Achsen und Getriebe wohl nicht mehr so lange halten würden. Wir beschlossen, dem Schweden eine Pause zu gönnen und besorgten uns bei
der Autovermietung einen würdigen Ersatz:

„Ja, dann hätten wir nur noch diesen Mercury Grand Marquis hier, den
müsste ich Ihnen noch kurz sauber machen, wenn der ok wäre" – Jetzt
nur nicht lachen. Ruhig bleiben. Mit völlig ernster Miene, jedoch inne-
rem Schmunzeln, beobachteten Tobi und ich, wie der Typ von der Autovermietung uns als Studenten im Anzug das (viel zu große) Auto putz-
te. Um euch ein Wortbild zu malen: Das Auto ist so mächtig, dass man
zwischen den zwei Vordersitzen durch Umklappen der Armlehnen noch
eine dritte Person mitnehmen kann.

Und so ging es los. Am ersten Tag führte uns die Reise in California
Richtung Süden zum Kings Canyon National Park. Dort stehen die großen Sequoia Trees, die zweitgrößten Bäume der USA. Das sind die
kleinen Brüder derjenigen Bäume, durch deren Stamm man mit dem
Auto durchfahren kann. Allerdings kollidierten zum ersten Mal Tobis
und meine Anschauung vom Wort Wüstenroadtrip, als ich Knöcheltief
im Schnee steckte und meinen Cowboyhut im Auto ließ. Als Ausgleich

traf ich Tobi mit einem Schneeball in die Weichteile, damit war mein Gemüt wieder aufgeheitert!

In Bakersfield, CA, (merkt euch diesen Namen und fahrt NIEMALS da hin) machte ich dann zum ersten Mal persönlich Erfahrungen mit den Cops. Nachdem wir fünf Minuten im Industriegebiet alleine rumgefahren waren, um den Walmart zu finden, ging plötzlich hinter mir im Rückspiegel die Lichterorgel an. Das ist ungefähr so, wie wenn man direkt in eine Discokugel hinein schaut. Die freundliche Officerin (scheinbar hatte sie sich gelangweilt und war nun froh, doch noch etwas zu tun zu haben) erläuterte mir kurz und knapp, ich wäre falsch irgendwo links abgebogen. Ich entschuldigte mich für ein Vergehen, von dem ich bis heute noch nicht weiß, wo mein Fehler lag, und war nicht schlecht verdutzt, als ich einen Strafzettel in meinen Händen hielt mit den Worten: „Left turn from improper position". Denkt man sich jetzt immer noch nichts Schlimmes dabei, doch im nachhinein betrachtet kann ich euch sagen, dass man sich links abbiegen schon was kosten lassen kann: 240 $ Strafe, für ein Vergehen (ich wiederhole mich), von dem ich bis heute nicht weiß, was ich eigentlich falsch gemacht habe.

Übernachtet haben wir dann bei Sarah in Bakersfield, einer Biologiestudentin, deren Wohnung man ansieht, dass sie eine Katze hält. Uns sah man das dann am nächsten Tag auch an, falls ich die grauen Haare nicht durch den Stress des letzten Abends bekommen habe.

Endlich normale Wüste!

17.Mai 2011

Von Bakersfield ging es weiter quer durch Kalifornien in die Mojave-wüste. So stelle ich mir das auch vor! Quer durch riesige Sanddünen fuhren wir zu einem kleinen, abgelegenen Visitor Center. Es erinnerte irgendwie an eine kleine Wild West Stadt und in weiser Voraussicht hatte ich mir ja einen Cowboyhut angeschafft! Also wurde dieser stilecht getragen, als wir mit einer Gallone Wasser bestückt einem kleinen Wanderweg in die Dünen folgten. Nach einer gefühlten Ewigkeit hier draußen, mitten im Nirgendwo - also realistisch gesprochen einer viertel Stunde 500 Meter vom Auto weg, beschlossen wir umzukehren, da wir noch einen weiten Weg vor uns hatten. Immerhin sollten wir an diesem Tag noch drei weitere amerikanische Bundesstaaten bereisen.

Auf dem Weg durch Nevada passierten wir kurz Las Vegas, die Zockermetropole mitten im Sand, um dann der Route weiter durch Arizona bis nach Utah zu folgen. Hierbei überschritten wir auch noch eine Zeitzone, was zu kurzer Verwirrung über die tatsächliche Ankunftszeit bei unserem nächsten Host führte. Jenny und ihr Teenagersohn teilten ihr kleines Häuschen inmitten einer angelegten Wohnanlage großzügig mit uns und ihr Heim diente uns als Base Camp für die folgenden Ausflüge in den Zion National Park.

Am nächsten Tag erging es uns erstaunlich stressfrei. Es war der erste Tag des Roadtrips, den wir nicht stundenlang auf amerikanischen Highways verbrachten. Dafür ging es um sieben Uhr früh dank Tobis allmorgendlicher Vorbereitung los in Richtung National Park.

An dieser Stelle möchte ich die Gelegenheit nutzen, um mich bei Tobi für den unglaublichen First-Class-Service während unserer Trips zu bedanken! Während ich es um diese unmenschliche Zeit gerade aus dem Bett und in meine Klamotten schaffe, ist Tobi bereits aufgestanden, hat

Frühsport gemacht, ist zum Einkaufen gefahren, hat gefrühstückt, hat die Verpflegung für den Tag geschmiert und hat mich auch noch aus dem Bett geholt. Mein Teil der Arbeit bestand darin, auf dem Weg ins Auto nicht wieder einzuschlafen!

Im Park angekommen ließen wir uns eine schöne Route erstellen und machten uns sogleich auf den Weg zu „Angel's Landing". Der Berg heißt so, weil er so umständlich zu besteigen ist, dass man denken könnte, nur Engel wären in der Lage da hoch zu gelangen. Und in der Tat – im Zuge des Aufstieges bekommt man die Möglichkeit für gewisse Vertrauensübungen. Also man muss sich fragen: „Vertraue ich dieser Stahlkette mein Leben an?". Denn sie ist das einzige, was einem hilft, sich Halt auf den rutschigen Steinen zu verschaffen. Das Thema Wüstenroadtrip hatte sich auch wieder erledigt, es hagelte und regnete während unseres Auf- und Abstieges, weshalb wir tropfnass am Auto angekommen sind und uns für den Tag zurückziehen mussten!

Der nächste Tag begann mit einem Aufstieg, der den des gestrigen Tages noch übertraf. Der Weg zum „Observation Point" führte durch ein relativ trockenes Flussbett und durch einen überragenden Canyon. Die Farbspiele in den Felsen zählen als eigenes Museum, das einem den beschwerlichen Weg nach oben noch versüßt. Allerdings setzte um Punkt ein Uhr wieder Regen ein, was unseren Trip für den Moment wieder beendete. Tobi und Lobster sind von unserem Host aus noch einmal losgefahren, Franzi und ich nutzten die Zeit, um unsere leeren Energiereserven wieder mal aufzufüllen und ein kleines Schläfchen zu halten.

Nachmittags verabschiedeten wir uns von Jenny und fuhren weiter Richtung Cedar City. Auf dem Weg dorthin prallten erneut Tobis und meine Vorstellung vom Wüstenroadtrip aneinander, als wir über einen Gebirgspass fuhren und schon wieder dieses weiße Zeug auftauchte. Inzwischen war diese Welt so surreal geworden, dass ich nicht mehr wusste, wo oben und unten, Sonne oder Schnee war. Vorgestern Wüste, zwischendurch Canyon, heute Schnee. Da kommst du echt durcheinander. Vor lauter Überwältigung mal eins, zwei Schneebälle geworfen und am Abend bei unserem neuen Host Lynn angekommen. In Cedar City scheinen die Immobilienpreise deutlich unterhalb derer in San Francisco zu liegen. Bei Lynn im Haus stehen zwei Gästezimmer komplett leer, um Pendler wie uns aufzunehmen und ihnen ein luxuriöses Übernachtungserlebnis zu bieten. Eigene Gästezimmer mit Bad – Gute Nacht!

Was hatten wir noch nicht? Marslandschaft!

20. Mai 2011

Ich muss gleich vorweg noch einmal die Gastfreundschaft von unserem Host in Cedar City loben. Nicht nur, dass wir eigene Zimmer und ein Gästebad mit Dusche komplett zur Verfügung hatten, am nächsten Morgen wurden wir auch noch für die bevorstehende Wanderung ausgestattet. Zufälligerweise hatte unsere Hostfamilie neben Gästezimmern für 4 Personen auch noch Regenjacken und Wanderstiefel in allen nötigen Größen vorrätig. Man könnte fast meinen, die hätten uns erwartet!

Perfekt ausgestattet fuhren wir also los und das nächste Ziel unserer Reise war Bryce Canyon National Park. Dieser Naturpark war doch mal ganz nach meinem Geschmack. Erstens: Sonnenschein. Zweitens: kein Schnee. Und drittens, kaum erwähnenswert, gab es da auch noch diese faszinierende Landschaft, die ich so kein zweites Mal in meinem Leben gesehen hatte. Durch verschiedene Gesteinsschichten und wetterbedingte Abtragung ist hier eine Säulenlandschaft entstanden, die von Menschenhand nicht schöner erschaffen sein konnte. Ich hab kurz versucht mal zu zählen, wie viele meterhohe Gesteinstürme (bitte vor den Türmen trennen, keine Stürme) sich hier platziert haben, hab mich aber kurz nach Achtundzwanzigtausend-dreihundertvierundsiebzig verzählt und wollte nicht von vorne beginnen. Ums kurz zu machen: So weit das Auge blicken konnte, erhob sich hier eine kleine Landschaft aus steinernen Wolkenkratzern. Dies alles eingefärbt in ein leuchtendes Orange (bzw. Terrakotta? Man verzeihe mir meine männliche Farbwahl) und bestrahlt von der Sonne über Utah, ergibt ein traumhaftes Bild, das einfach in Erinnerung bleibt.

Dementsprechend waren wir auch den ganzen Tag unterwegs und wanderten zuerst nach unten, dort sehr lange im Kreis und schließlich wieder nach oben. Bryce Canyon ist nämlich im Gegensatz zu Zion einer der Parks, bei denen man oben anfängt und in eine Schlucht hinabsteigt. Ist ein bisschen gewöhnungsbedürftig, da man sich ein bisschen Kraftreserven für das Ende aufsparen muss, um überhaupt wieder zum Ausganspunkt zurück zu kommen.

Am Abend machten wir in Cedar City noch einen kurzen Stop, weil wir vom Glück wieder mal etwas in den Weg gelegt bekommen hatten: Einen Rummel! Wir machten uns also kurz frisch im Haus und starteten dann voll durch, um auf dem Festplatz – ja, was eigentlich? Wir waren scheinbar immer noch im Hinterland der USA und auf dem „Rummel" gab es im Vergleich zu einer deutschen, dörfischen Kirchweih nicht wirklich weitere Attraktionen. Zwei oder drei Fahrgeschäfte, eine Losbude und grob überschlagen 40 Besucher beleuchteten und beschallten die Nacht. Wir haben uns dann dazu entschlossen, noch ein paar Fotos zu machen und uns dann zu erholen. Am nächsten Tag war wieder Reise angesagt.

Gastfreundschaft auf 10 m²

21. Mai 2011

Nachdem wir uns aus Cedar City herzzerreißend verabschieden mussten und ich die kleine Tochter unseres Hosts, die es sich auf meinen Schultern bequem gemacht hatte, doch nicht behalten durfte, verließen wir Cedar City und machten uns auf den Weg nach Arizona. Größte Sehenswürdigkeit in diesem Gebiet – wer kennt ihn nicht – der Grand Canyon. Nach stundenlanger Fahrt, wieder mal durch die Wüste, kommen wir an verschiedenen Aussichtspunkten vorbei und bekommen schon einmal einen ersten Eindruck von der Größe dieser Schlucht. Ihr ahnt es schon: soweit das Auge reicht! Ich weiß inzwischen auch nicht mehr, wie ich diese endlosen Gebirgszüge weiter beschreiben soll. Im Prinzip sieht es aus, als ob ein kleines Kind mit einem Stecken Furchen in den Boden zieht – nur halt auf einer Länge von 1000 Meilen.

Das absolute Highlight des Tages sollte aber noch kommen. Für die Übernachtung hatte ich mich für einen netten, jungen Mann aus Flagstaff entschieden, der uns in seinem „Trailer" aufnehmen wollte. Dort sei zwar nicht viel Platz, aber man werde sich schon arrangieren. Wir trafen uns mit unserem Host also am Abend in Flagstaff und fuhren mit ihm zum „Trailerpark", einem etwas größeren Campingplatz, wo jeder Anwohner seinen eigenen Stellplatz dauerhaft mietet. Soweit so gut, dachten wir uns. Nun, wie soll ich sagen – in so einem Trailer ist natürlich auch nicht viel Platz. Es gab ein Bett im hinteren Bereich des Wohnwagens, für uns war der komplette vordere Teil reserviert, also die ganzen 3 Quadratmeter. Soweit so gut. Was uns der liebe Mann aber nicht im Vorfeld gebeichtet hatte, war, dass er, wegen eines Rohrbruches, zurzeit kein fließendes Wasser zur Verfügung stellen konnte und leider auch keine Toilette im Trailer besaß. Soweit so schlecht, dachten wir.

Was mich aber trotzdem wieder mal wirklich berührt hat an der ganzen Geschichte war, wie uns unser Host empfangen hat. Mineralwasser und Strom sowie WiFi waren vorhanden, also wurden wir erstmal auf einen indianischen Tee eingeladen und unterhielten uns bis tief in die Nacht über Dieses und Jenes. Und wenn ich mir überlege, dass ich zum Leben gerade mal 10 m² zur Verfügung habe, weiß ich nicht, ob ich noch die Lust und den Mut hätte, dieses kleine Heim mit Fremden auf der Durchreise zu teilen. Persönlich wieder eine sehr schöne Erfahrung. Tobi, Franzi und Lorenz schliefen auf dem Trailerboden, ich zwängte mich in das kleine, nicht höhenangst-sichere Bett über dem Cockpit.

Nichts desto trotz ging es am nächsten Tag natürlich munter weiter mit den Abenteuern. Mitten im Wald lag ein interessanter Stop auf unserer Route: Eine Lavahöhle, die durch flüssiges Magma entstanden war und bis heute erhalten geblieben ist. Hier zeigte sich auch wieder der amerikanische Geist: Pass auf oder du stirbst! Der Weg zu dieser Höhle war kaum ausgeschildert, mitten in der Pampa und wenn man dort ankommt, steht ein Buch bereit, in das man sich doch bitte beim Betreten und Verlassen der Höhle eintragen soll. Wohl eher damit sie wissen, wie viele Leichen sie nach ein paar Tagen herausziehen müssen, als dass ich mich dadurch sicherer gefühlt hätte. Wir waren also auf uns allein gestellt – wir und eine zweite Tourigruppe, die kurz vor uns die Höhle betreten hatte. Mit unseren kleinen Taschenlampen bewaffnet ging es abwärts und ich muss zugeben: Holla, die Waldfee! Dort unten war es weitaus finsterer als die Nacht und entgegen meiner Erwartungen überhaupt nicht, also gar nicht, abgesichert. Wir kletterten also über riesige Brocken, lockere Steine und schlugen uns mehrmals an der zackigen Höhlendecke die Köpfe an. Ich war dann doch erleichtert, als wir auf dem Rückweg ein Licht am Ende des Tunnels erblickten und erst recht, als wir wieder unter freiem Himmel standen.

Danach ging es weiter, erneut in den Grand Canyon. Diesmal aber zu einer wirklichen Wanderung. Ich hatte es beim Bryce Canyon ja schon erwähnt und auch der Grand Canyon ist ein Naturwanderpfad, der zunächst nach unten und erst ganz am Schluss, wenn die Kräfte und Ressourcen aufgezehrt sind, wieder steil nach oben geht. Grob nach der Hälfte der eingeplanten Wanderzeit beschlossen Franzi und ich deshalb, uns wieder gemächlich auf den Rückweg zu machen. Tobi und Lorenz wollten noch ein Stück weiter nach unten und ihre Kräfte messen. Weiter oben legten wir uns auf ein paar große Steine, von denen man den Wanderweg relativ weit im Auge hatte und beobachteten Tobi und Lorenz ca. eine Stunde später, wie sie an nach unten wie auch nach oben wandernden Menschen vorbei rannten und in beachtlichem Tempo wieder zu uns stießen.

Am Schluss des Tages legten wir uns noch oben an den Rand des Canyons und genossen die letzten Sonnenstrahlen. Irgendwie betrachtete uns eine Gruppe von indischen Touristen allerdings als Trendsetter und binnen zwanzig Minuten war unser gemütliches Plätzchen Herberge für eine Reisegruppe von ca. 25 Personen, die auch kein Gefühl für Privatsphäre hatten. Ich glaube ich bin nun auf mehreren ihrer Urlaubsfotos in Großformat abgebildet. Abenteuerlich wie wir nun mal sind, stiegen wir gekonnt eine Etage tiefer, was für die Otto-Normal Touristen da oben wohl etwas zu heikel war und so konnten wir doch noch in aller Ruhe den Sonnenuntergang genießen. Die Nacht verbrachten wir zur Abwechslung wieder mal in einem Motel, da wir dann doch keine zweite Nacht im Trailer schlafen wollten.

What happens in Vegas – happens again
23. Mai 2011

Auf dem Rückweg vom Grand Canyon nach Berkeley lag als letzter Stop auf unserer Reise die altbekannte Stadt Las Vegas. Ich hatte ja schon davon berichtet, wie hier alles aus dem Nichts erschaffen wurde und jetzt laut ist und auch noch blinkt. Aber nichts desto trotz wollten Franzi, Tobi und Lorenz natürlich auch einmal in die Stadt der Sünde fahren und diesmal hatten wir zwei Übernachtungen im „Signature at MGM Grand" gebucht. Dieses Hotel ist als „Hinterhotel" vom großen MGM zu beschreiben – genau so luxuriös, nur halt nicht direkt am Strip, sondern eine Parallelstraße davon entfernt. Wir kamen also voll gepackt vom Roadtrip an und die erste Überraschung erwartete uns bereits am Eingang: Nur Valetparking möglich. Also in Windeseile die wichtigsten Sachen wieder in irgendwelche Koffer gestopft und das Gepäck vom Service ins Zimmer bringen lassen. Nach dem einchecken zeigte uns James (keine Garantie auf Richtigkeit, ich nenne ihn hier jetzt einfach James) unsere Suite und brachte uns noch frisches Eis aufs Zimmer. Im Vergleich zur letzten Übernachtung in dieser Stadt muss ich zugeben: Diesmal war es etwas luxuriöser. Ein Whirlpool im Bad, ein eigenes Telefon auf dem Klo und ein Fernseher, der Tobi namentlich im Hause begrüßt hat, um nur mal drei Dinge zu nennen.

Weiter ging es natürlich mit der inzwischen standardisierten Strip-Tour und einer Achterbahnfahrt im New York-New York. Die Fahrt an sich war jetzt nicht so spektakulär, aber da die Achterbahn auf einem Hausdach gebaut war, hatte man doch einen ganz schicken Ausblick. Und für nur 60 $ gab es das Family-XXL Paket mit vier Tickets und zwei Fotos dazu. Ich hatte fast schon vergessen, dass Spaß in Vegas mindestens 100 $ die Nacht kostet. Nachdem wir Franzi nach Mitternacht wieder im Hotel abgeliefert hatten, machten wir uns zu dritt noch auf den Männertrip in Vegas, buchten eine Busfahrt, sahen uns die eine oder andere

Show an und erfuhren von einem Türsteher, dass Lorenz Schuhe ja mal gar nicht gingen. Typisch für die Stadt kam ich um fünf Uhr früh wieder ins Hotel, ca. 100 $ weniger in den Taschen. Spaß hat hier eben seinen Preis.

Den nächsten Tag verbrachten wir fast komplett am hoteleigenen Pool. Der war auch wirklich hübsch. So hübsch, dass ich meine Kamera mit an den Pool nehmen musste und die Location gleich mal für ein kleines Shooting nutzte. Am späten Abend sind wir dann doch etwas erschöpft und müde ins Bett gefallen. Zwei Tage Vegas am Stück ist wohl nur was für die ganz harten Typen.

Tobi und Lorenz sind dann noch einmal spielen gegangen und haben ihr Glück auf die Probe gestellt. Nachdem ich schon beim letzten Mal meine Glückssträhne strapaziert hatte und mehrere Dollars verspielt hatte, hielt ich mich diesmal bedeckt und ließ mal die Jungs ihr Geld auf den Tisch legen. Zwei Stunden später kamen sie wieder, beide erstaunlich bereichert. Sie hatten wohl viel dazu gelernt. Nur 60 $ hatten sie leider dabei verloren. Die Bank gewinnt!

Die Rückreise nach Berkeley haben Tobi und ich dann alleine gestemmt. Gegen Nachmittag verließen wir Las Vegas auf dem Weg nach Kalifornien. Die Rückfahrt war uns beiden so langweilig, dass wir uns schon fast darum streiten mussten, wer Auto fahren durfte. Kurz nach ein Uhr nachts sind wir dann zu Hause angekommen und schliefen die erste Nacht seit vielen wieder mal richtig gut im eigenen Bett.

Die Tage sind gezählt
26. Mai 2011

Die allerletzte Woche in Berkeley war angebrochen und den gleichen Zustand nahm auch langsam mein Herz an. Mit schwerem Gemüt fuhren wir noch einmal alle zusammen hinauf zur Hall of Science und steuerten den Volvo noch einmal in den kalifornischen Sonnenuntergang. Ebenso ging es ein letztes Mal die Conzelman Road hinauf, um einen Abschiedsblick auf die Golden Gate Bridge zu bekommen und noch einmal nachzusehen, ob alles in Ordnung war mit SF, bevor ich den Bundesstaat verlassen würde. Nach dem letzten Abendmahl (so nenne ich jetzt einfach mal den Grillabend, den wir zum Abschied noch veranstaltet haben), mussten nur noch Koffer gepackt werden und letzte Dinge organisiert werden. Unter anderem wollte ich noch mein Bankkonto auflösen und mein Kleingeld weg bringen. Leichter gesagt als getan. Bei der Bank angekommen bat ich die freundliche, junge Dame am Schalter, etwas wegen meines Kleingeldes zu unternehmen. Das wäre kein Problem, ich könnte das vorher einzahlen und dann das Konto auflösen. Ich solle das Geld einfach hier rein zählen, sagte sie und gab mir mehrere Papierrollen in die Hand. Auf meinen etwas verwirrten Blick und die Nachfrage, ob sie noch ganz bei Trost wäre, bot sie mir als Hilfe noch eins von diesen Zählbrettern an, in das man Münzen nach dem Wert sortieren konnte, um den Betrag dann einfach abzulesen. „In Deutschland haben wir Maschinen, die sowas für uns übernehmen." war ihr irgendwie auch kein schlüssiges Argument. Als Antwort erhielt ich eine Mischung aus „Das macht doch Spaß, die Münzen zu zählen!" und „Dann hab ich wenigstens was zu tun!". Ich glaube, ich habe mir noch nie so hart meine eigenen 22 $ erarbeitet.

Am 31. Mai war es dann soweit, der Zeitpunkt für die Abreise war gekommen. Frühstück habe ich irgendwie keins runter gebracht und mit Tränen in den Augen verabschiedete ich mich von Jonny, Berkeley und

San Francisco. Ich war bereit für die letzte Etappe meiner Reise, einen Trip an die Eastcoast, von New York über Washington nach Philadelphia, von wo aus mein Rückflug nach Deutschland ging. Am Flughafen beichtete man uns, dass unser Flug mehrere Stunden Verspätung hatte und wir wohl oder übel die Nacht in Kansas City übernachten müssten. Niedergeschlagen organisierten Tobi und ich vom Flughafen aus ein Hotel in Kansas City und stornierten die Übernachtung in New York. Doch unser Glück hatte uns nicht verlassen. Als wir in Kansas City ankamen, meldete sich die Stewardess mit der Nachricht, der Anschlussflug würde doch auf uns warten und wir sollten sofort zum Nachbarterminal kommen. Vom Weg aus dem Flugzeug bis zur Sicherheitskontrolle und dem Check-In hatten Tobi und ich gerade genug Zeit, per Telefon noch die Reservierung in Kansas City zu stornieren und die bereits stornierte Übernachtung in New York zu ent-stornieren. Völlig aufgeregt, aber dennoch erfolgreich, bestiegen wir das Flugzeug zum Big Apple, womit ich auch die letzte Station aus Udo Jürgens Song abgearbeitet hatte:

„Ich war noch niemals in New York, ich war noch niemals auf Hawai'i, ging nie durch San Francisco in zerrissenen Jeans."

(Das mit den zerrissenen Jeans hab ich wörtlich genommen und auch so erledigt!)

If you can make it there, you'll make it anywhere

01. Juni 2011

Die folgenden Zeilen beschreiben meine „ersten Eindrücke" von New York City und spiegeln nicht unbedingt meine endgültige Meinung dieser Stadt wieder:

Es stinkt! Und die Menschen sind unfreundlich!

Das Erste, was ich von New York mitbekommen habe, als sich die Schiebetüren des Flughafengebäudes öffneten, war diese ekelhafte Duftwolke, oder der „Smell of Success", wie ihn manche nennen würden. Außerdem war es Sommer an der Eastcost, was bedeutete, wir kämpften mit Außentemperaturen von 30 Grad und darüber. Meine pazifikverwöhnte Nase ließ mich wissen, dass sie weniger begeistert von meinen letzten Reiseplänen war. Nichts desto trotz suchten wir uns ein Taxi und machten uns auf den Weg in unser Hotel. Michael Schumacher, unser Taxifahrer, war kurz davor, eine neue Bestzeit aufzustellen, als ihm durch laute, akustische Warnsignale aus dem Kofferraum davon abgeraten wurde, mit 50 Meilen innerorts über die Speed Bumps zu fahren. Unsere Gepäckstücke kontaktierten abwechselnd den Boden und die Decke des Autos und so beschloss Michael, den Rekord sausen zu lassen. Eigentlich hätten wir hier wieder couchsurfend übernachtet, doch unser Host musste kurzfristig ins Krankenhaus und so verbrachten wir wieder mal ein paar Nächte in einem Hotel außerhalb von New York. Gleichzeitig testeten wir Couchsurfing auf seine Limits, indem wir eine Notfallübernachtung für vier Personen mitten in NY suchten.

Am ersten Tag ging es los auf eine Wandertour durch Manhattan. Was mir dabei wieder aufgefallen ist: Ich mag keine Großstädte, bei denen man sich um mehr als 90 Grad nach hinten lehnen muss, um überhaupt den Himmel sehen zu können. Wo wir gerade beim Thema große Wolkenkratzer sind, die einem die Sicht versperren: Auch die Gedenkstätte vom World Trade Center lag auf unserem Weg und ich muss sagen, dass ich vom Inhalt der Ausstellung positiv überrascht war. Statt amerikanischem Propagandapatriotismus schlenderten wir eine Stunde lang durch eine sehr persönliche, auf die Schicksale einzelner Personen ausgerichtete, Erzählung dieses tragischen Ereignisses. Weiterhin fehlte jegliche Anspielung auf den „Krieg gegen den Terror", der seit dem die Welt heimsucht. Nach der Ausstellung folgten wir weiter den Straßenschluchten, vorbei an der Wall Street und der New Yorker Börse. Am großen Bullen konnten wir es uns nicht verkneifen, ein paar Fotos zu schießen und ab ging es in den Battery Park, zur Spitze von Manhattan. Auf dem Rückweg entdeckten wir noch „New Yorks best kept secret", die Einkaufspassage Century 21. So geheim war dieses geheime Geheimnis aber scheinbar doch nicht, denn dieses Mysterium glich eher einem großen Einkaufszentrum mit viel zu vielen Menschen darin. Nachdem wir ausgiebig eingekauft hatten (eigentlich nur so getan hatten), mussten Tobi, Lorenz und ich eine kleine Stärkung zu uns nehmen und nach dem Besuch beim lokalen Subway konnten wir auch Franzi wieder abholen. Das Flat Iron Building stand als letzter Punkt auf der Tagesordnung, bevor es wieder ins Hotel gehen sollte. Leider fuhr um diese Uhrzeit dann kein Bus mehr zurück zum Hotel, aber für diesen Fall gibt es in New York sogenannte Gipsy-Taxis, schwarze Limousinen mit zwielichtigen Fahrern, die dich für 20 $ überall hinbringen. Was soll der Geiz?

Den zweiten Tag verbrachten wir hauptsächlich auf Liberty und Ellis Island. Mit Kopfhörern und einer Audiotour bewaffnet, lauschten wir verschiedenen Anekdoten und Geschichten zur Entstehung der Freiheitsstatue. Ich habe mir natürlich nicht allzu viel davon gemerkt, nur dass die Konstruktion von dem Erbauer des Eiffelturmes in Frankreich mit angefertigt wurde und im Prinzip total hohl ist (baulich gesprochen, nicht sinnlich). Außerdem war sie damals ein Wink mit dem Zaunpfahl an die französischen Machthaber, die zu jener Zeit noch alles andere als freiheitlich herrschten. Ellis Island erreichten wir von dort wiederum mit einer kleinen Fähre und durften erneut einer Audiotour durch das Museum über die Immigration in die Vereinigten Staaten lauschen.

Am Abend hatten wir ein organisiertes Date mit Kamel. Er hatte sich auf unseren Hilferuf gemeldet und bot uns an, bei ihm im Apartment zu übernachten. Sein Profil wirkte etwas, wie soll ich sagen, ausgefallen und so beschlossen wir, uns diese Gestalt erst einmal anzusehen, bevor wir gleich mit unserem Gepäck bei ihm einziehen würden. Immerhin wohnte er mitten drin im Big Apple, praktisch fast am Union Square Park und wir konnten uns die Chance nicht entgehen lassen. Wir trafen uns also mit Kamel und er erzählte uns, er sei Chorleiter in einer kleinen Kirche und wohne auch direkt neben der Kirche in einer kleinen 2 Zimmer-Wohnung. Als erstes wollte er uns jedoch seine Kirche zeigen und wir betraten diesen doch heiligen Ort. Ich durfte voraus gehen in die völlige Dunkelheit und noch bevor sich meine Augen an die Finsternis gewöhnt hatten, überlegte ich mir kurz: „Wie verhältst du dich jetzt, nachts, in einer Kirche, völlig im Dunkeln?". Den Gedanken hätte ich mir allerdings auch sparen können, denn in diesem Moment hörte ich hinter mir ein ohrenbetäubendes Lachen, wie es nur die wirklich bösen Bösewichter in James Bond Filmen benutzen: „Muahahahahaaaaaa". Kamel hatte sich dafür entschieden, die Stille zu durchbrechen, mir einen riesen Schrecken einzujagen und ich glaube das war der Moment, in dem ich mich mit seiner inspirierend sarkastischen, überraschenden Art angefreundet hatte. Danach empfahl er uns noch einen Schokoladenladen (lustiges Wort) und wir beschlossen, am nächsten Tag unsere Koffer zu holen.

Die darauf folgenden Tage wurde jede erdenkliche Sehenswürdigkeit von uns gesehen und gewürdigt und wir quälten uns immer noch mit der sommerlichen Hitze der Eastcost herum. Highlights dieser Tage waren unter anderem das Grand Central Terminal (der große Bahnhof von New York, in dem normalerweise immer irgendwelche Gangster fliehen, Leute geheime Übergaben machen etc.), das Lego Museum, die Aussichtsplattform des Rockefeller Centers bei Nacht und die Brooklyn

Bridge (angeblich die schönste Brücke überhaupt, aber nichts im Vergleich zur Golden Gate Bridge!). Die gute Franzi schaffte es sogar irgendwie, uns in einem schwachen Moment in ein echtes Broadway Musical zu entführen und so besuchten wir eine Aufführung von CHICAGO.

Die letzte gemeinsame Nacht in New York City hatte Kamel noch eine Überraschung für uns. Aufgrund eines organisatorischen Fehlers musste eine zweite Reisegruppe bei ihm übernachten, eine Jugend-forscht Gruppe aus Deutschland mit gerade einmal 9 Personen oder so. Doch Kamel gab dem Sprichwort „Platz ist in der kleinsten Hütte" kurzerhand eine neue Bedeutung und so übernachteten insgesamt 14 Personen in seiner kleinen Wohnung: Fünf im Zelt auf dem Balkon, drei auf einer aufblasbaren Matratze, 3 in Stockbetten und auf der Couch und der Rest in seinem Zimmer. Als Entschädigung für die „Unannehmlichkeiten" bekochte er die ganze Mannschaft dann noch und wir verbrachten einen sehr schönen Abend. Ein Hoch auf die amerikanische Gastfreundschaft! Vereinfacht wurde die Situation allerdings noch dadurch, dass wir die Nacht in einem Club verbrachten und erst früh um fünf wieder nach Hause kamen, die andere Reisegruppe um sieben Uhr früh aber schon wieder abreiste. Schlafen in Schichten heißt das Zauberwort! Am nächsten Tag verabschiedeten wir uns von Franzi und ich brachte sie noch bis zum Flughafen. Mit dem Greyhound Bus ging es für uns drei übrig gebliebene nun weiter auf die letzte Etappe Richtung Washington.

Endspurt: Washington und Philadelphia

07. Juni 2011

Unser nächster Couchsurfing-Host begrüßte uns und führe uns durch die Garage in einen hotelartigen Apartmentkomplex, da nach eigenen Angaben die Rezeption schon langsam skeptisch wird über seinen häufigen Übernachtungbesuch. Nachdem er uns noch zeigte, wo der Zweitschlüssel zu seiner Wohnung war, verblüffte er mich wieder einmal völlig mit amerikanischer Gastfreundlichkeit und vor allem Vertrauen. Wir konnten kommen und gehen wie und wann es uns beliebte, während er tagsüber auf der Arbeit war.

In Washington hatte es immer noch über 30 Grad und wir besuchten das Kapitol, den Regierungsbezirk und vor allem die Washington Mall, einen großen Grünstreifen, der vom Kapitol über das Washington Memorial bis zum Lincoln Memorial geht und auch die Smithsonian Museen beherbergt. Hier war es leider unmöglich, sich keine Sommergrippe zu holen, da man ständig den Wechsel von 30 Grad Außentemperatur in die schön auf 18 Grad klimatisierten Kühlschränke, die hier Museen genannt werden, mitmacht. Ich weiß echt nicht, wie die Regierungsbeamten das die ganze Zeit aushalten. Zweiter Negativpunkt dieser Tage war mein sorgsam ausgewähltes Schuhwerk. Ich hatte leider nur meine dicken Lederschuhe oder meine leuchtgelben Chucks mit auf die Heimreise genommen und durfte feststellen, dass Chucks leider nicht das Wort „Schuhe" verdienten. Nach mehreren Kilometern wäre ich am liebsten Barfuß gegangen, wenn der Asphalt nicht glühend heiß gewesen wäre und ich für amerikanische Geschichte definitiv nicht über Kohlen gehe. Irgendwann verließ uns dann auch die Motivation, wir lagen einfach unter den Bäumen der National Mall und redeten uns gegenseitig ein, dass wir nicht so viel verpassen würden, wenn hier blieben.

Eine kleine Anekdote möchte ich an dieser Stelle aber noch loswerden. Im Regierungsbezirk gilt höchste Sicherheitsstufe und vor dem Betreten jedes Gebäudes muss man eine Sicherheitskontrolle wie am Flughafen passieren. Nach zwei Flügen und dem Besuch zahlreicher Sehenswürdigkeiten bekommt man aber irgendwann Routine im Ablegen von metallischen Gegenständen und Schuhen und es geht einigermaßen fix von der Hand. Am Ende eines langen Tages jedoch, wenn man ausgehungert ein Restaurant sucht und Wegweisern zum Food-Court (Ansammlung von kleineren Imbissen) folgt, steht man relativ blöd da vor einer solchen Sicherheitskontrolle, wenn der Beamte auf deinen berechtigten Einwand „Wir wollen doch nur was essen!" mit strenger Miene verneint: „Tut mir Leid, dieser Food-Court gehört zum Regierungsbezirk, also müssen sie durch die Sicherheitsschleuse!". Ich glaube, das war das erste und auch vorerst das letzte Mal, dass ich für einen Happen zu Essen meinen Gürtel und meine Schuhe ausgezogen habe.

Erneut ging es am nächsten Tag mit dem Greyhound Richtung Philadelphia und wieder zur Übernachtung bei einer Couchsurferin. An dieser Stelle wieder mal ein Hoch auf die Möglichkeit, bei wildfremden Menschen zu übernachten, die man im Internet kennen gelernt hat. Philadelphia ist eine der bedeutendsten Städte der USA, da hier die Unabhängigkeitserklärung verfasst und verkündet wurde und kann deshalb als Geburtsort der USA bezeichnet werden. Demensprechend geschichtslastig waren auch unsere Aktivitäten. Allerdings hatte inzwischen keiner von uns mehr so richtig Lust auf Tourismus und wir freuten uns schon auf ein gemütliches Bett oder zumindest einen nicht alle zwei Tage wechselnden Wohnort. Das absolute Highlight der Stadt sollte das Philly Cheese Steak werden, immerhin hatten wir uns eine halbe Stunde dafür anstellen müssen. Allerdings wurden wir sowohl optisch wie vor allem auch geschmacklich sehr enttäuscht, als uns ein weiches Weißbrot mit gehacktem Fleisch, ein paar Zwiebeln und zerlaufenen Käse oben drauf geboten wurde. Einen Lichtblick gab es noch, bevor ich das Land endgültig verlassen würde. Nachdem wir Lorenz am nächsten Tag wieder nach New York verabschiedet hatten, besuchten Tobi und ich einen

Aldi. Die Marke hatte sich zwar nicht bis an die Westcoast durchgeschlagen, aber in Philadelphia gab es einen, nicht weit von unserem Host. Und ich muss zugeben, ein bisschen heimatverbunden verliebt war ich schon, als ich zum ersten mal seit zehn Monaten wieder einen Supermarkt betrat, in dem die Waren teilweise auf Paletten aufgestapelt waren und auch die Preise erinnerten mehr an die alte Heimat als an die „Buy 10, pay 8" Angebote, mit denen ich mich die letzte Zeit rumschlagen musste. Zum Abschluss verbrachten Tobi und ich einige gemeinsame Stunden im Park und sinnierten über die vergangene Zeit, die schönen Erlebnisse und einigten uns darauf, dass wir die beste Zeit unseres Lebens hatten, faszinierende Menschen kennen lernen durften und so viel Abenteuer erlebt hatten wie wir es nie für möglich gehalten hätten.

Am Abend bestieg ich das Flugzeug, das mich nach Hause bringen sollte, mit gemischten Gefühlen. Ich freute mich irrsinnig auf die Heimat. Darauf, all die Menschen wiederzusehen, die ich in den letzten zehn Monaten vermisst hatte und auch irgendwie wieder auf das Gefühl, endgültig zu Hause zu sein. Andererseits hatte ich jetzt schon Heimweh nach Berkeley und meiner Bay Area, die mich so viel gelehrt hatte und der ich so viel zu verdanken hatte. Aber wie sagt man so schön, man sollte aufhören, wenn es am schönsten ist.

Home sweet Home

13. Juni 2011

Mein Flug ging abends um acht Uhr von Philly Richtung Frankfurt und war schneller vorbei, als ich es erwartet hatte. Während der gesamten Flugzeit habe ich kaum zwei Stunden geschlafen und auch eine Folge der Simpsons musste ich für die Mahlzeit unterbrechen. Durch die Zeitumstellung auf dem Rückflug war es dann schließlich morgens um zehn, als ich pünktlich in Frankfurt ankam. Um auch wirklich zweifellos als Amerikaner durchzugehen und nicht als Deutscher Tourist, mit einem Koffer voller amerikanischer Waren, hatte ich mein Berkeley T-Shirt angezogen und meinen neuen Hut aufgesetzt. So vorbereitet war die Einreise ein Kinderspiel. Bei der Passkontrolle outete ich mich dann allerdings wieder als Deutscher, aber auch nur, weil ich, an allen anderen Einreisenden vorbei, direkt zum Schalter ohne Warteschlange gehen durfte. So einen Luxus war ich als europäischer Staatsbürger gar nicht gewohnt.

Als ich dann endlich mit meinem Koffer in die Empfangshalle kam, fühlte ich mich gleich willkommen. Meine beste Mutter wartete dort bereits mit einem großen Schild mit meinem Namen drauf und empfing mich herzlich mit offenen Armen. Was für ein schönes Wiedersehen! Nach Hause ging es dann geschwind auf deutschen Autobahnen, was mir zugegeben ein bisschen unheimlich war. So schnell auf so engen Straßen zu fahren, war ich irgendwie nicht mehr gewohnt. Ich hatte auch wahnsinnig viel zu erzählen, allerdings machte sich langsam die Müdigkeit bemerkbar. Immerhin war ich nun den ganzen Tag in Philadelphia wach gewesen, bin die ganze Nacht durchgeflogen und jetzt auch noch früh in Deutschland angekommen. Die letzten 24 Stunden hatten ihre Spuren hinterlassen. Meine Mum konnte sich ein leichtes Schmunzeln nicht verkneifen, als ich zugeben musste: „ Ich glaub ich leg mich jetzt erst mal hin, wenn wir zuhause sind!". So hatte ich mir das gedacht.

Erstens kommt es anders, und zweitens schleppte ich meinen schweren Koffer die Treppen hoch und durch unseren Flur um dann beim Öffnen der Tür völlig überrascht zu werden. ALLE waren sie da, Freunde und Familie, um mich willkommen zu heißen! Ok, alle ist vielleicht jetzt ein bisschen übertrieben, aber in dem Moment, als ich durch die Tür trat, war ich völlig überrumpelt von den vielen Gesichtern, die mich anlachten. Freunde von zuhause, Freunde vom Studium, Familie und Nachbarn, alle waren sie durcheinander gemischt und hatten nur auf mich gewartet. Exakt vier Minuten später hatte ich einen von Markus gemischten Cuba Libre in der Hand und konnte immer noch nicht so ganz im Kopf ordnen, was gerade passiert war. Ich bekam einen Teller mit Essen gereicht und tat so, also ob ich etwas davon herunter bringen könnte, während ich inzwischen meine Fassung wieder gefunden hatte und wild anfing, Geschichten zu erzählen, von meinem Strafzettel in Bakersfield, vom Couchsurfing, von der grenzenlosen Natur in den National Parks und den vielen Menschen und Orten, die ich auf meiner Reise kennen gelernt hatte. Ich dachte irgendwie an alles in diesem Moment, nur nicht mehr an Schlaf. Als die Gäste dann nach und nach gingen, meine Geschichten verklungen waren und der Teller mit meinem Essen immer noch unangetastet auf dem Tisch stand, kehrten endlich Ruhe und ein Gefühl des Daheimseins in mich ein. An diesem Abend kletterte ich zum ersten Mal nach exakt zehn Monaten wieder in mein Bett und schlief wirklich schnell ein.

Die kommende Woche wirkte ich meinem Jetlag damit entgegen, dass ich einfach jeden Abend irgendwo anders am Feiern und Freunde sehen war. Ein Gefühl der Müdigkeit konnte so gar nicht mehr aufkommen und nachdem ich mich beim Rest meiner Freunde und meiner Familie zurückgemeldet hatte, konnte ich wirklich sagen, dass ich wieder zuhause angekommen war. Home sweet Home.

Danksagung

Mein größter Dank geht an meine beste Mutter. Ohne sie wäre dieses Buch nicht entstanden und ich wäre vielleicht nicht einmal in ein fremdes Land gezogen. Alles, was ich kann und bin, verdanke ich ihr und meinem Vater und werde es ihnen niemals vergessen.

Weiterhin möchte ich mich bei allen in diesem Buch erwähnten Personen bedanken. Da wären meine Familie, meine Mitbewohner, meine Freunde in den USA und meine Freunde aus Deutschland. Sie alle haben mich stets motiviert und unterstützt. Und natürlich Omma aus San Diego, die mich so herzlich aufgenommen hat.

Zu guter Letzt bleibt mir noch, mich bei allen Lesern dieses Buches und meines Blogs zu bedanken. Danke, für die schöne Zeit, in der ich euch unterhalten durfte. Ich hoffe ihr hattet so viel Spaß dabei wie ich.

In diesem Sinne verabschiede ich mich und wünsche euch alles Gute!

Dominik

Letzte Impressionen